うつわ検定®公式テキスト

今の時代のうつわ選び

一般社団法人テーブルウェアスタイリスト連合会（TWSA）

OFFICIAL TEXTBOOK OF
UTSUWA PROFICIENCY TEST

主婦の友社

OFFICIAL TEXTBOOK OF UTSUWA PROFICIENCY TEST

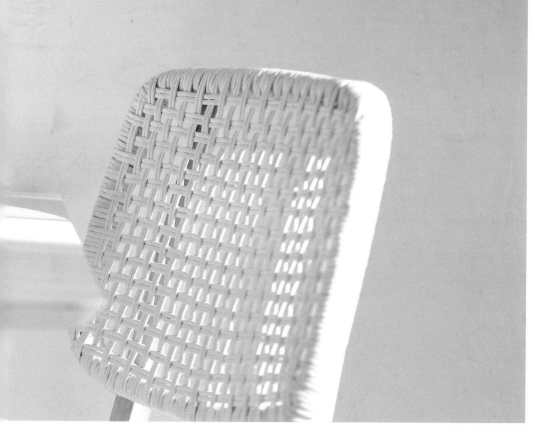

私たちの生活に欠かせないものの一つに〝うつわ〟があります。

うつわの個性を知れば、選ぶ楽しみが出てきます。
食べやすさや飲みやすさなど、機能的にも満足感があれば
食事やコーヒータイムがもっと充実します。

お気に入りのコップで水を飲む、これだけでも
人生そのものがHappyになってしまう力がうつわにはあるのです。

はじめに

本書は、私たちの生活に最も密接な
「食のシーンで使う、うつわ」について学ぶ本です。
現代のうつわ使いを毎日の食卓からひもときます。

スタイリングのプロを養成する私たちのもとに
多く寄せられた声が、「スタイリングだけではなく、
うつわのことをもっと深く知りたい」というものでした。

そして、スタイリストではないかたからも、
「家庭でのうつわ選びをもっと知りたい」
「うつわの産地や素材のこと、うつわの取り扱い方を知りたい」
と、多くの声が届きました。

そこで、まずは家庭のうつわについて楽しく学べることを
目的としたテキストづくりがスタートしました。
本書を用いて、今の時代のうつわに関する知識を
確認するための検定が、「うつわ検定®」です。

すでにうつわ好きのかたや、最近うつわに関心をもったかた、
雑貨好き・インテリア好き・おうち時間好きの皆さん、
日々の献立や、うつわの整理に頭を悩ますかたにも
きっと役立つ一冊です。

本書を通して、"うつわ"と向き合い
気持ちが明るく楽しくなっていただけたらうれしいです。

一般社団法人テーブルウェアスタイリスト連合会（略称 TWSA）
代表理事　二本柳志津香

CONTENTS

はじめに ・・・ 004

うつわ検定®について ・・・・・・・・・・・・・・・・・・・・・・・・・・・・ 010

本書の使い方 ・・・・・・・・・・・・・・・・・・・・・・・・・・・・・・・・・・・ 011

LESSON 1
それぞれのうつわ選び ・・・・・・・・・・・・・・・ 012

MONDAY 月曜日 ・・・・・・・・・・・・・・・・・・・・・・・・・・・・・・ 014

TUESDAY 火曜日 ・・・・・・・・・・・・・・・・・・・・・・・・・・・・・・ 016

WEDNESDAY 水曜日 ・・・・・・・・・・・・・・・・・・・・・・・・・・ 018

THURSDAY 木曜日 ・・・・・・・・・・・・・・・・・・・・・・・・・・・・ 020

FRIDAY 金曜日 ・・・・・・・・・・・・・・・・・・・・・・・・・・・・・・・ 022

SATURDAY 土曜日 ・・・・・・・・・・・・・・・・・・・・・・・・・・・・ 024

SUNDAY 日曜日 ・・・・・・・・・・・・・・・・・・・・・・・・・・・・・・ 026

座卓から、今はテーブルが主流のライフスタイル。

必要なうつわも昔とは変わりました ・・・・・・・・・・・・ 028

〈うつわ検定流〉 今の時代のうつわの組み合わせ ・・・ 029

〈うつわ検定流〉 新・うつわの組み合わせの呼び方 ・・ 030

CHECK! 覚えたい用語集 ・・・・・・・・・・・・・・・・・・・・・・ 032

CHECK! 日本の食卓の移り変わり ・・・・・・・・・・・・・・ 036

LESSON 2
メニュー別のうつわ ・・・・・・・・・・・・・・・・・ 040

CURRY / STEW カレー・シチューのうつわ ・・・・・ 042

DONBURI 丼（どんぶり）のうつわ ・・・・・・・・・・・・・ 043

PASTA パスタのうつわ ・・・・・・・・・・・・・・・・・・・・・・・ 044

SOBA / UDON 蕎麦・うどんのうつわ ・・・・・・・・・・ 045

SALAD サラダのうつわ ・・・・・・・・・・・・・・・・・・・・・・・ 046

SANDWICH サンドイッチのうつわ ・・・・・・・・・・・・・ 047

DESSERT デザートタイムのうつわ ・・・・・・・・・・・・・ 048

ALCOHOL 酒を楽しむうつわ ・・・・・・・・・・・・・・・・・・ 049

APPETIZER つまみをのせるうつわ ・・・・・・・・・・・・・ 050

TEA&COFFEE POT お茶とコーヒー時間を楽しむうつわ ・・・ 051

DRINK 飲み物を入れるうつわ ・・・・・・・・・・・・・・・・・ 052

CHECK! 覚えたい4つのキーワード ……………………………………………………………… 053

CHECK! うつわ使い「やってはいけないNG集」 …………………………………………… 054

COLUMN アスリートごはん×うつわ ……………………………………………………………… 056

LESSON 3
うつわの種類を知る

うつわの種類を知る …………………………………………………………… 058

うつわの分類は「和食器」「洋食器」から「日本うまれ」「海外うまれ」へ ………………………… 060
〈うつわ検定流〉 今の時代のうつわの分類 ………………………………………………… 061

日本うまれのうつわ　海外うまれのうつわ …………………………………………………… 062

日本うまれの陶器 ………………………………………………………………………………… 064
日本うまれの磁器 ………………………………………………………………………………… 066
日本うまれの漆器 ………………………………………………………………………………… 067
日本うまれの天然素材 …………………………………………………………………………… 068
日本うまれの木 …………………………………………………………………………………… 069
日本うまれのガラス ……………………………………………………………………………… 070
日本うまれの樹脂 ………………………………………………………………………………… 071
日本うまれの金属 ………………………………………………………………………………… 072
日本うまれのさまざまな素材をあわせたうつわ ……………………………………………… 073

CHECK! 焼き物の種類 ………………………………………………………………………… 074
CHECK! 和食器のかたち ……………………………………………………………………… 075
CHECK! 全国各地の焼き物の名前 …………………………………………………………… 076
CHECK! 日本の特徴的な焼き物・鉄器 ……………………………………………………… 078

海外うまれの陶器 ………………………………………………………………………………… 080
海外うまれの磁器 ………………………………………………………………………………… 082
海外うまれの漆器 ………………………………………………………………………………… 083
海外うまれの天然素材 …………………………………………………………………………… 084
海外うまれの木 …………………………………………………………………………………… 085
海外うまれのガラス ……………………………………………………………………………… 086
海外うまれの樹脂 ………………………………………………………………………………… 087
海外うまれの金属 ………………………………………………………………………………… 088
海外うまれの特徴的な素材のうつわ …………………………………………………………… 089

CONTENTS

CHECK! 和食器のサイズ ………………………………………… 090

CHECK! 洋食器のサイズ ………………………………………… 091

CHECK! ヨーロッパの特徴的な食器 ……………………………… 092

COLUMN 収納×うつわ ………………………………………… 094

LESSON 4

うつわを選ぶ、楽しむ ………………………… 096

人気のうつわを使うのがかっこいい？ 答えは「NO」。
うつわ選びは自分の好きを見つめなおすきっかけに ……………… 098

〈うつわ検定流〉 今の時代のうつわ選び ……………………… 099

〈うつわ検定流〉 お気に入りに出合える、うつわの探し方 ……… 100

うつわを学ぶ旅VOL.1 ショップ・カフェで発見 ………………… 102

うつわを学ぶ旅VOL.2 海外・うつわの市 ……………………… 104

うつわを学ぶ旅VOL.3 国内・焼き物の産地 …………………… 106

うつわに関するQ&A …………………………………………… 108

COLUMN 和菓子×うつわ ……………………………………… 110

WORK & SCHOOL ………………………………… 112

CLOSE-UP うつわ検定主宰・TWSA代表 二本柳志津香 ……… 113

TWSAの主な仕事内容 ………………………………………… 114

TWSAが展開する学校の主な内容、仕組み ……………………… 115

TWSA卒業生のお気に入りのうつわ&エピソード ……………… 116

うつわ専門家への道 あなたはどのタイプが向いている？ ……… 120

うつわ検定出題例 ……………………………………………… 121

うつわ検定対策CHECK&COLUMN一覧 ………………………… 122

撮影協力一覧、参考文献・参考WEBサイトリスト ……………… 123

p.121の解答と解説 …………………………………………… 124

うつわを学べるTWSA本部と認定校 …………………………… 126

うつわ検定® 検定概要 ………………………………………… 127

うつわ検定ってなに？

辞書で「器（うつわ）」を調べてみると
〝入れ物、道具〟そして、〝ものの機能や人物の才能や人格のこと〟
などと記されています。

道具ですから、人それぞれの使いやすさは異なるはず。
そう、うつわ選びに正解はないのです。

淡い色、濃い色のうつわ。
1人用、大勢で使うためのうつわ。
日本でつくられたうつわ、海外でつくられたうつわ。

うつわ検定で今のうつわに詳しくなったら、
あなたにとって大切なうつわと出合えるでしょう。

うつわ検定®について

　私たち「一般社団法人テーブルウェアスタイリスト連合会（TWSA）」は本部・東京自由が丘校のほか、全国に6支部（2023年内に2校増設予定）があります。広告や雑誌、カタログ、テレビCMなどの現場で食器や食卓シーンのスタイリングをする「プロ・テーブルウェアスタイリスト®」が講師となり、対面講座や通信講座で食器のスタイリング知識やテーブルスタイリングなどを教え、これまで多くの現場で活躍するスタイリストを輩出してきました。海外のかたからも関心が高く、ここ数年間で、日本国内だけでなく海外9カ国にテーブルウェアスタ

イリスト®の資格をもった仲間が増えました。

　テーブルスタイリングの場面では、どのようなうつわを選ぶのかがとても重要です。受講生たちから「見た目だけ格好がいいスタイリングではなく、なぜこの場面ではこのうつわがふさわしいのかなど、うつわそのものについてもっと知りたい」という要望が多く届きました。

　そこで、まずは家庭のうつわを楽しく学べることを目的としてテキストづくりがスタートしました。本書を用いて行われる、これまでまと

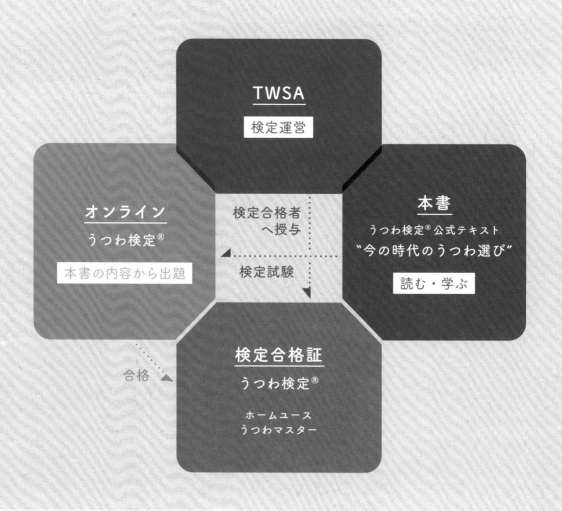

められることのなかった今の時代のうつわに関する知識を確認するための検定が、この「うつわ検定®」です。テーブルウェアスタイリスト®講座の卒業生向けに開催していたセミナーをベースに、最新の内容も加えました。

本書でうつわについて学んで理解を深めた後、検定を受けて確認することで、うつわの魅力や有用性をさらに感じていただけると考えています。検定試験は基本的にWEBで行う方式ですので、国内外どこからでも、また、パソコン・スマートフォンのいずれからも受験できるようになっています。

また、うつわ検定は、
・食器に携わる業務担当のかた
・ホテル・レストランなどサービス業で働くための学校で学ばれているかた
・うつわ・食に関連した仕事や勉強に生かせる知識の習得に
・うつわに興味がある
・名前や産地はわからないけれど食器が好き
・正しいだけでなく、楽しい使い方や選び方を知る必要がある
といったさまざまな立場のかたに、今の時代のうつわと、ライフスタイルをよりよくするための知識としてご活用いただけるでしょう。

検定合格者には、一般社団法人テーブルウェアスタイリスト連合会（TWSA）から検定合格証を発行し、「ホームユースうつわマスター」を名乗ることができます。

「うつわ検定」の詳細についてはp.127もご覧ください。

本書の使い方

本書は、今のうつわについて学ぶとともに、一般社団法人テーブルウェアスタイリスト連合会が実施する「うつわ検定®」試験問題の対策にも対応しています。内容の難易度は初級レベルから上級レベルまであります。上級はうつわの専門家を目指すかたにはぜひ理解してほしい内容です。

LESSON 1 | 初級レベル

日常のうつわ使いを確認する。食卓まわりが昔からどのように変化したのかを学ぶ。

LESSON 2 | 中級レベル

メニュー別のうつわを知る。食卓で使われているうつわの特徴を学ぶ。

LESSON 3 | 中〜上級レベル

うつわの種類や歴史や特徴を学ぶ。美しさを感じとり、どのようなものがあるのかを知る。

LESSON 4 | 初〜中級レベル

うつわを楽しく選べるようになるヒントやポイントを学ぶ。

CHECK & COLUMN | 初〜上級レベル

各LESSONにあります。うつわ検定を受けるかたには特に覚えてほしい内容や用語です。

さらに理解を深めるために

☑ 本やインターネットで調べましょう

より深く知りたい言葉や内容は、さらに調べてみましょう。理解が深まります。日々進化しているうつわの情報も、キャッチできるでしょう。

☑ ノートにまとめましょう

用語や調べたことを書く、どのようなうつわのかたちかイラストにするなど、自由なスタイルでまとめましょう。持っているうつわ、これから欲しいうつわをリストアップするのも楽しいですね。ご自身だけの「うつわノート」になります。

☑ WORK & SCHOOL

うつわ検定を主催する「一般社団法人テーブルウェアスタイリスト連合会（TWSA）」の活動紹介です。うつわに関する知識をもっとつけたい、プロとして仕事をしたいというかたはぜひご覧ください。

OFFICIAL TEXTBOOK OF UTSUWA PROFICIENCY TEST

LESSON

1

それぞれの
うつわ選び

どのようなうつわを使っているのか
さまざまな人たちの食事を
見ていきましょう。
月曜日から日曜日までのシーンから
今の時代のうつわ選びが見えてきます。

MONDAY

月曜日

01

気分を上げたい月曜日はワンプレートモーニング。大きな<u>ディナープレート</u>と<u>マグカップ</u>は本当にお気に入りのものを！ 我が家はア

スティエ・ド・ヴィラットを選びました。（20代夫婦）／そろえるなら家族の人数分＋来客用2〜3組がおすすめ。

MORNING
大学生

02

今日の授業は朝早い1限から。急ごう！ 朝食は卵かけご飯で。（大学生）／普段使いの食器を選ぶときは、手になじむものを。茶碗は、使う人の手の大きさに合わせて選ぶと食べやすさがアップ。

LUNCH
50代男性

03

午前の会議もスムーズにいき、自席で弁当を広げる。（50代男性）／お弁当箱は日本が誇る立派なうつわ「秋田県大館曲げわっぱ」。地域によって呼び方や素材が異なります。

LESSON 1

DINNER
30代夫婦と
子ども1人

04

20時。少し遅めの夕ごはんは前夜のカレーでつくった簡単ドリア。焼いてそのままテーブルへ。（30代夫婦と子ども1人）／耐熱皿は1人用、大人数用とあり、使う場面で選ぶのも楽しいもの。

CHECK!（p.32〜35へ）

01	☑ ディナープレート ☑ マグカップ
02	☑ 茶碗
03	☑ 秋田県大館（おおだて） 曲げわっぱ
04	☑ 耐熱皿

TUESDAY 火曜日

MORNING
50代夫婦と
子ども1人

01

時間はないけれどごはんはしっか
り。洗い物を少なくしたいので、
<u>ミート皿</u>1枚で和食のワンプレー
ト。(50代夫婦と子ども1人)／
プレートの中央に小鉢をのせてバ
ランスよく盛りつけて。

LUNCH
30代女性

02 🍴

大好きな小説はパリがテーマ。買ってきたパンと小説にも出てくるカフェオレボウルがランチの主役。（30代女性）／カフェオレボウルはカフェオレ専用？

DINNER
40代夫婦と
子ども2人

03 🌙

今晩の夕食は、簡単につくれて皆が喜ぶ親子丼。マットな質感に一目ぼれしたうつわで。（40代夫婦と子ども2人）／下にある、支えの高台はなぜあるのでしょう？

DINNER
40代夫婦

04 🌙

今日もお疲れさま！ この一杯のために仕事頑張りました。マーボー豆腐が映えるお気に入りの深皿とビアグラス。（40代夫婦）／うつわにこだわると、おうちでおしゃれ居酒屋風の食事が楽しめます。

CHECK!（p.32〜35へ）

01	☑ ミート皿
02	☑ カフェオレボウル
03	☑ 高台（こうだい）
04	☑ 深皿

WEDNESDAY

水曜日

LUNCH
20代女性と
子ども1人

01 ✗

お昼は簡単にうどんランチ。3歳
の娘用のうつわは長く使えるもの
にこだわって、丼と同じ色のル・

クルーゼのボウルを。(20代女性
と子ども1人)／ボウルは茶碗や
小さな丼としても使えて便利。

MORNING
60代夫婦

02 ☀

さらりとお茶漬け。引っ越しを機に新しいうつわをそろえている我が家の朝ごはん。(60代夫婦)／モダンなデザインの夫婦茶碗とホワイトの南部鉄器。

LUNCH
10代女性

03 🍴

健康を考えて、自宅にいるときは食べたいものをつくりお気に入りのうつわでいただきます。今日はヘルシーにサラダを。(10代女性)／色みがきれいな北欧インテリアショップの木製ボウルを。

LESSON 1

DINNER
30代夫婦と
子ども2人

04 🌙

テレビで見たスープカレーをつくりたくなりトライ。盛りつけはこれでいいのかな?(30代夫婦と子ども2人)／ルーとご飯は別?カレー皿にもいろいろなものが。

CHECK! (p.32〜35へ)

01	☑ 丼(どんぶり)
	☑ ボウル
02	☑ 夫婦(めおと)茶碗
03	☑ 木製ボウル
04	☑ カレー皿

THURSDAY 木曜日

DINNER
50代夫婦と
子ども2人

01 🌙

バタバタしがちな木曜日。仕事の帰りにお総菜を買って。お気に入りのうつわに盛りつけ。(50代夫婦と子ども2人)／蒸し料理で使う蒸籠。買ってきた温野菜を入れるだけでも、食欲をそそる盛りつけに。

LUNCH
女性4人

02 ✗

ママ友が遊びに来てくれたので、カフェのメニューを再現したパスタを。（女性4人）／ドリンクをワイングラスなど、脚つきグラスに入れると主役級の存在感。

LUNCH
70代夫婦

03 ✗

病院の保健指導で学んだ、健康に配慮した食事。うつわにこだわると楽しいですよと聞き、実践中。（70代夫婦）／持ちやすい汁椀と湯呑はお気に入りのもの。

MORNING
30代夫婦

04 ☀

朝6時。なるべくものを増やさないようにしている私たちは、愛用しているマグカップでコーンスープを。（30代夫婦）／イケアのプレートはピタリとスタッキングできるのが魅力。

CHECK!（p.32〜35へ）

01	☑	蒸籠（せいろ）
02	☑	ワイングラス
03	☑	汁椀
04	☑	マグカップ

FRIDAY

金曜日

DINNER
40代と50代の夫婦

01 🌙

今日で平日は終わり！　在宅ワークの夫が早めに仕事を終えたので、ベランダでアペロ気分。（40代と50代の夫婦）／大きなウッドカッティングボードとスレートチーズボードでお店風に。

MORNING
30代夫婦

02 🍴

LUNCH
50代男性

03 ☀

外回りの仕事から一度帰宅し、昼食を。アルミ鍋でつくった即席麺でホッと一息。(50代男性)／鍋をうつわとして使うのもあり。取り鉢があれば食べやすい。

昨晩の残り物のスープもお気に入りのうつわに入れたら「丁寧な暮らし」気分に。(30代夫婦)／冷蔵庫で保存でき、さらにレンジ加熱できる蓋つき耐熱皿とミート皿はノリタケの話題作。

DINNER
40代夫婦と
子ども2人

04 🌙

家族にうれしいことがあり、今日はお祝いをかねて、夜ごはんはすきやき!(40代夫婦と子ども2人)／竹かごにすきやきの具材を、小さな竹かごに生卵を入れて。

CHECK!（p.32〜35へ）

01 ☑ スレート
　　　チーズボード

02 ☑ アルミ鍋

03 ☑ 蓋つき耐熱皿
　　☑ ミート皿

04 ☑ 竹かご

SATURDAY

土曜日

LUNCH
20代女性4人

01 ✕

子どもと夫は野球観戦へ。留守番
の私は同僚たちを呼んでランチパ
ーティー。（20代女性4人）／持
ち寄りで楽しむ会は、ディナープ
レートを取り皿に、乾杯はゴブレ
ットで。

DINNER
30代夫婦と
子ども1人

02 🌙

MORNING
50代夫婦と
子ども2人

03 ☀️

土曜の夜の食事当番は夫。大皿や
<u>深皿</u>にドンと盛りつけたチャーハ
ンとおかずが定番。(30代夫婦と
子ども1人)／具だくさんスープ
は取っ手つきスープカップに。

大学生の娘がつくってくれた、お
しゃれなフレンチトースト。(50代
夫婦と子ども2人)／平日はマグ
カップで飲むコーヒーも、休日は
<u>カップ&ソーサー</u>でゆったり。

BRUNCH
20代女性

04 ☀️ 🍴

ぐっすり寝て時計の針は10時。
さっとつくったサンドイッチでカ
フェ風ブランチを。(20代女性)／
カフェでよく目にするあのうつわ
は、<u>リム</u>が立っているタイプ。

CHECK! (p.32〜35へ)

01 ☑ ディナープレート

02 ☑ 深皿

03 ☑ カップ&ソーサー

04 ☑ リム

SUNDAY

日曜日

DINNER
50代夫婦と
友人4人

01 🍌

夕方前から仲よし夫婦2組を招き、腕を振るったディナーを。(50代夫婦と友人4人)／大皿ラウンドプレートとブレッドバスケット。

アルミサービングパンがあれば、できたてをすぐにテーブルまで運べます。

LUNCH
30代夫婦と
子ども1人

02 🍴

DINNER
40代夫婦と
子ども3人

03 🌙

早朝からのサッカークラブの練習
が終わり、家族みんなでアスリー
トランチ。(30代夫婦と子ども1
人)／品数を多く食べたいから<u>豆
皿</u>や<u>変形豆皿</u>が大活躍。栄養バラ
ンスのよい食事に一役買います。

一日家族で遊んだ日は、早めの夜
ごはん。「パパは大盛りね」。(40
代夫婦と子ども3人)／シチュー
とライスは<u>オーバル深皿</u>へ。色違
いでそろえるのもおすすめ。

DINNER
70代夫婦と
子ども3人

04 🌙

家族が久しぶりに集まった食卓は
いつもより華やかに。(70代夫婦
と子ども3人)／おかず用の皿が
今日は手巻き寿司の<u>取り皿</u>に。こ
の大きさが皿の上で手巻き寿司を
つくるのにちょうどよい。

CHECK!（p.32〜35へ）

01 ☑ 大皿
　　☑ ブレッドバスケット
　　☑ アルミサービングパン

02 ☑ 豆皿
　　☑ 変形豆皿

03 ☑ オーバル深皿

04 ☑ 取り皿

座卓から、今はテーブルが主流のライフスタイル。
必要なうつわも昔とは変わりました

時代の変化とともに、食事の仕方も大きく変わっています。
今でも床に座り、座卓で食事をするスタイルは健在ですが、
主流は椅子に座り脚の長いテーブルでの食事です。

同時に、昔はご飯と汁物が必須の「和の食事」がほとんどでしたが、
時代とともに、ご飯と汁物以外にパン、パスタなど多様な種類の食事に変化しました。
かつて茶碗・汁椀は必要不可欠でしたが、現在では、使ううつわも変わっています。

例えば、和食の献立の基本といわれている「一汁三菜（いちじゅうさんさい）」。
主食のご飯に1つの汁物と3種類のおかずという栄養バランスのとれた献立で、
計5つのうつわを使います。

以前、この一汁三菜を取り上げていたテレビ番組で、出演者たちが
「普段食べているのは、一汁三菜じゃないメニューも多いよね、麺料理とか」
「大勢で食べるときは取り皿を使うよね。そういうのは、なんて呼ぶんだろう？」
と話していました。つまり、多様化している食事スタイルを表す言葉がないのです。

そこで、p.14〜27のそれぞれの食事シーンのような、一汁三菜以外の食事にも対応する、
今の時代のうつわの組み合わせについて考えていきましょう。

今の時代のうつわの組み合わせ

かつては

ご飯を盛る「茶碗」と汁物が入った「汁椀」が基本となり、そこにおかずの入った「皿・鉢など」がつきました。栄養バランスのとれた理想の食事として「一汁三菜」が掲げられていました。

今は

食事のスタイルが多様化したため、いろいろなうつわの組み合わせが登場しています。和食でも、茶碗・汁椀が不要の場合があり、うつわの数は少なくなっている傾向にあります。

新・うつわの組み合わせの呼び方

1 （ワン）

メインのうつわ1つでおいしく
食べられる食事

【例】
火曜日の丼、水曜日のうどん

1 ＋ 1 （ワンプラスワン）

メインのうつわ1つに、サブの
うつわ1つ（飲み物、取り皿、
サブメニュー）を加えた食事

【例】
土曜日のフレンチトースト＋コーヒー、
土曜日のチャーハン＋スープ

1 ＋ 2 （ワンプラスツー）

メイン1つのうつわに、サブ2
つの食事

【例】
水曜日のスープカレー＋ご飯＋サラダ、
火曜日のマーボー豆腐＋ご飯＋スープ

1 ＋ 3 〜 4 （ワンプラススリー〜フォー）

「1（メイン）＋3〜4（サブ）」 品数が多くなると、必然的にうつわの数
も増える。

ワンプレート

料理を1種類ずつうつわに盛りつける
のではなく、すべてを「1（ワン）」
に盛ることで収まる食事。

今の時代の食卓では、うつわはどのように組み合わせているのでしょうか。
うつわ1つを「1（ワン）」とカウントして、p.14〜27で紹介した
月〜日曜日の1週間のメニューで見てみましょう。

LESSON 1

複数人でのうつわの組み合わせ

大人数で食事をするときは、p.30のように1人ずつのうつわ選びではなく、
大皿を使うことも。テーブル上もすっきり、また、洗い物も少なくなります。

何人分かを大皿に

大皿から取り皿へ

複数の大皿から少しずつ好きなものを
取り皿に盛って、食べます。

うつわ選びは自由ですが、これはおすすめしません

- ☑ 1人分の食事が盛られたうつわを、肩幅より広い幅に複数並べる。

- ☑ 食事の内容とうつわが合っていない（食べにくい）。

- ☑ テーブルを埋め尽くすほどうつわを並べる。

覚えたい用語集

p.14〜27で紹介した食事シーンで使われているうつわや、うつわに関連した言葉です。
言葉と意味を覚えましょう。

あ

【秋田県大館(おおだて)曲げわっぱ】

杉を使用してつくられた、江戸時代から伝わる伝統工芸品。薄い板を曲げてつくられた「曲げ物」の一種で、弁当箱に多く使用される。天然の木を材料としているので通気性がよく、時間が経ってもご飯が蒸れない。

【アルミサービングパン】

英語の動詞(serve＝給仕する)からつけられた名称のうつわで、調理後すぐに食卓へ運べる両持ち手つきのアルミ鍋。できたての料理をそのまま食卓に出せ、うつわとして使える注目のアイテム。

【アルミ鍋】

アルミニウム製の鍋のこと。熱伝導率がよいため時短調理が可能。軽くて値段も手頃なため、日常使いに適している。乾麺などを調理した後、うつわとして使う場合もある。

【ウッドカッティングボード】

一般的にはパンやチーズなどをナイフでカットするときに使う板状の道具。オードブルやパン、スイーツなどを盛りつけてうつわとして使用することも多い。

【大皿】

目安として、24cm以上のお皿のこと。取り分けが必要な肉や魚料理に、また、複数のおかずを盛りつけてワンプレートとして使用するなど幅広い用途に対応。

【オーバル深皿】

楕円形の深さがあるうつわ。すくいやすいためカレーやシチュー、サラダや煮物など幅広く使用。

か

【カップ＆ソーサー】

コーヒーや紅茶を入れるカップと受け皿(ソーサー)のセット。17世紀から18世紀頃は、カップに取っ手がなく手に直接熱が伝わるため、ソーサーに移し替えて冷まして飲んでいた。

【カフェオレボウル】

カフェオレを飲むための容器のこと。フランスでうまれたうつわの一種で、日本の茶碗よりも少し大きめのサイズ。深さがあるため、さまざまな料理を入れて食卓で楽しむこともできる。

【カレー皿】

カレー用の皿。サイズや深さに決まりはなく、深めの皿のことを指す。

【高台(こうだい)】

うつわの下にある支えのこと。太さはさまざまで、うつわ全体のバランスをとる役割をしている。また、熱いものを入れたときに、手で持ち上げやすくするための台として機能する。高台の一部に切り込みが入った切り高台というものもある。

【小鉢】

深さのある小ぶりのうつわ。直径約12cmが使いやすいとされている。和え物、おひたしなどに使用することが多い。

【ゴブレット】

ゴブレットとは、グラスに脚と土台がついた「杯(さかずき)」のこと。ワイングラスのように脚が長くないため、デザートカップなどに使われることもある。

さ

【汁椀】

みそ汁や吸い物などに使う、口径10〜12cm程度の半球形の椀。漆器からウレタン塗装、樹脂製までさまざまなものがある。

【スタッキング】

積み重ねられること。収納するスペースが少なくすむので、近年ではスタッキングできるうつわが重宝されている。

【ステムグラス】

脚のついたガラス製の飲み物用うつわの総称。ステムウェアとも呼ぶ。

【ストロー】

うつわから飲み物を飲みやすくするために用いる細い管。これまでは、プラスチック製や紙製が主流であったが、脱プラスチックの動きからガラス製やステンレス製の商品も増えている。

【スレートチーズボード】

スレートといわれる石を素材とした板状のアイテム。チーズやドライフルーツ、パンなどを盛りつけてうつわとして使うほか、まな板のように食材を切るために使うこともある。

【蒸籠（せいろ）】

円形や方形の木枠の底が簀（す）になっている調理器具。湯を沸かした鍋の上にのせ、中に入れた料理・菓子・もち米・野菜などを蒸気で蒸す。うつわとしてそのまま食卓に供することも多い。「せいろう」ともいう。

た

【耐熱皿】

熱に強く、電子レンジやオーブン、トースターなどにそのまま入れて加熱できるうつわのこと。「グラタン皿」も耐熱皿の一種。

【竹かご】

竹を編んでつくったかご。果物やパンを入れるうつわとして、また、カトラリーの収納用品としてなど、幅広く使用されている。軽くて丈夫、使うほどに味わいが増すのが魅力。

【茶たく】

湯呑の下に敷く受け皿のこと。主におもてなしで使用する道具。テーブルが濡れるのを防ぐことができる。陶器、磁器、ガラス、金属、木、漆器などさまざまなものがある。

【茶碗】

もともとは茶の湯において用いられる、茶を入れて飲むための碗。今はご飯茶碗を指すことが多い。高さや直径、かたちなどさまざまなものがあるため、手の大きさに合わせて選ぶことが古くからよいとされてきた。

【中皿】

直径15〜24cmの大きさのうつわ。大きめの中皿は食卓の中心に置き、大皿のように主菜用として使われることもある。深さがあれば、カレーなど汁けのある料理にも使える。

【ディナープレート】

メインディッシュ用のプレート。ディナー皿とも呼ぶ。サイズは直径27cmの大皿が主流で、25cm、30cmのものもある。ディナープレートの中でも25cmのものは汎用性が高く、取り皿として使われることもある。

【取っ手つきスープカップ】

スープ皿より小さめで深い、スープを飲むための鉢で、取っ手のついているもの。取っ手が片方だけについているものと、両側についているものがある。

【取り皿】

料理を各自取り分けるのに使う小ぶりの皿。銘々（めいめい）皿ともいう。直径14〜22cmの中皿が適したサイズといわれている。最近ではホームパーティーなどで大皿を取り皿として代用することもある。

【取り鉢】

1人分のおかずを取り分ける深さのある鉢形の取り皿。汁けのある料理、サラダ、デザートなどに使う。

【トレイ】

トレイは、日本ではお盆（ぼん）で知られ、小型のものはサルヴァー（salver）ともいう。縁が低くテーブルマットとして使えるもの、グラスなどをのせて運べるよう滑り止めがついているものなどがある。

【丼（どんぶり）】

「どんぶり鉢」の略称。厚みのある深い陶器、磁器、木製や樹脂製の鉢で、麺料理や丼料理を盛りつけるうつわ。一般的に、両手にすっぽり収まるサイズは茶碗、収まらないサイズは丼といわれる。

な

【長皿】

長方形の皿で、焼き魚などに用いられる。縦横比に定義はなく、オードブルなどを盛りつけるのにも使われる。

は

【バスケット】

竹や籐などを編んでつくられたかごのこと。持ち手がついているものもある。おつまみや乾燥した食品を盛りつけるときに使われたり、パンやサンドイッチを入れるうつわとして使われることもある。

【ビアグラス】

ビールを飲むためにデザインされた容器。ガラス素材がメイン。ビールの種類により、さまざまな形状のグラスがある。

【深皿】

鉢ほどではないが、縁が少し立ち上がっている深さのある皿。汁けのある料理を入れるのに適している。

【蓋つき耐熱皿】

耐熱性のある容器に、蓋がついているもの。冷蔵庫保存も、電子レンジ加熱もそのままでき、時短調理にもつながる。

【ブレッドバスケット】

パンをのせるかごのこと。ジャムやカトラリーなどの小物入れとしても使用できる。木、籐、竹、樹脂、布などさまざまな素材のものがある。

【変形豆皿】

円形や角形ではない豆皿のこと。花や動物など個性的な形状のため、季節感を演出するなど、食卓のアクセントとしても使用。なかには、豆皿2枚分が一体化したデザインのものもある。

【ボウル】

半球形の鉢でサラダボウル、スープボウルなど用途別につくられたものも多い。陶磁器、ガラス製、木製などがある。深さがあるうつわであることから、汁けの多い料理や、最近では丼料理にも使われている。

 ま

【マグカップ】

取っ手のついた筒形の大きなカップ。マグカップという呼び名は和製英語で、英語では単に「マグ（mug）」と呼ぶ。

【豆皿】

3寸（約9cm）の大きさの皿のこと。香の物や薬味、和菓子などを盛るのに使われる。近年では豆皿だけを使用した食卓も人気。

【ミート皿】

肉や魚、つけ合わせを盛るための直径約23〜25cmの丸皿。汎用性が高いサイズのため、メインディッシュの盛りつけ以外にも取り皿として使用されることもある。

【夫婦（めおと）茶碗】

男女用に大小が対になったそろいの茶碗。飯茶碗と湯呑茶碗がある。最近は、同じ大きさの商品もみられる。

【メラミンタンブラー】

取っ手や脚のないメラミン製のコップ。軽くて割れにくいため、パーティーやアウトドアなどにも適している。

【木製ボウル】

木を材料とした直径約10〜50cmの半球形の鉢。ブナ製、チーク製、くるみ製などの製品がある。大きさに幅があることから、小さめのものは1人用として、大きめのものは複数人で取り分けて食べるときに使われたりする。

 や

【湯呑（ゆのみ）】

和食器のコップのこと。主にお茶を飲む際に使う、取っ手のない円筒形の容器。「お湯を飲む道具」が名前の由来。

 ら

【リム】

皿の縁のこと。縁があることでこぼれにくく、盛りつけた料理に手が触れることなく食卓に運べる。

 わ

【ワイングラス】

ワイン用のグラスのこと。ワインを注ぎ入れる丸い部分をボウル、ボウルを支える部分をステム（脚）という。ステムがない製品もある。ワイン以外のドリンクを入れて飲むこともある。

日本の食卓の移り変わり

食事をするための台「食卓」は、その時代の食環境の変化とともに大きく変わってきました。
このことが、うつわの組み合わせにも大きく影響しています。

食卓 箱膳

江戸時代、庶民は箱膳（イラスト手前）を使用し、特別なときのみ宗和膳（イラスト奥）を使用していました。箱膳は食べるときは反対にした蓋の上に食器を並べ、机として使用します。食べ終えたら箱や引き出しの中に食器をしまうことができます。

| 江戸 | ▶ | 明治 | ▶ | 大正 |

食環境

鎖国が終わり、西洋文化の流入は食文化にも及びましたが、西洋の食事をそのままではなく、「和食化」してとり入れられました。主な例として、牛鍋やカレーライスの流行などがあります。

食卓 ちゃぶ台

1923（大正12）年の関東大震災を経て、ちゃぶ台への移行が急速に進みました。

食卓 テーブルスタイル

1951（昭和26）年に公営住宅標準設計によって台所を広めにとり、食事室と兼用にするというスタイルが国から提案されました。1955（昭和30）年以降にダイニングキッチンで、テーブルスタイルの食卓文化が団地の住人を中心に広まったといわれています。ちなみに「ダイニングキッチン」は和製英語です。

食環境

さまざまな国の料理を気軽に家庭で楽しめるような時代になりましたが、和食がユネスコ無形文化遺産に登録され、家庭でも改めて見直されています。だしにこだわったり、手軽に和食を自宅で楽しむための便利な調味料もたくさん発売されており、和食器も老若男女問わず大変人気です。

昭和　▶　平成　▶　令和

食環境

昭和の中盤頃には、インスタント食品の開発が進み、ファミリーレストランやコンビニエンスストアの登場などで、食環境は「手軽に」「さまざまな食品」を楽しめる時代に。

食卓 ダイニングテーブル
（または、ローテーブル）

自分好みにスタイリングしたり、テーブルで和食器と洋食器を合わせたりと、ライフスタイルに合わせて食卓は多様化しています。座卓はローテーブルといわれることが多く、そこで食事をする人もいます。

LESSON

2

メニュー別の
うつわ

和洋中の食事、お茶タイムと
使ううつわは多種多様。
どのようなうつわを選ぶとよいのか
メニュー別に確認しましょう。

CURRY / STEW

カレー・シチューのうつわ

01
RIM
リム

02
VARIOUS SHAPES
× RIM DEEP DISH
いろいろなかたちのリムあり深皿

03
STAINLESS BOWL
ステンレスボウル

04
RIMLESS DEEP DISH
リムなしの深皿

インドが発祥のカレーは日本で独自の発展をし、ご飯と一緒に盛りつけるカレーライスに。もはや国民食と呼べるほど、よく食べられているメニューです。楕円形のうつわがカレー皿という商品名で販売されていることもありますが、決まりはありません。01や02のリムありの深皿、04のリムなしの深皿、ご飯とルーを別々にする場合は、スープ皿にルーを盛りつけるなど食べやすさを考えてうつわ選びをするのがポイント。インドカレーは基本的にステンレスのうつわに盛りつけられ、最近では03のような家庭用のステンレスカレーボウルも人気です。シチューのうつわも、同様にこぼれにくい深皿がおすすめです。

DONBURI

丼（どんぶり）のうつわ

01

SIMPLE
RICE BOWL

シンプルな丼

02

FOOT RING

高台

03

DONBURI WITH A
UNIQUE SHAPE

個性的なかたちの丼

04

DUAL USE

丼以外に温かい蕎麦・
うどんのうつわとしても

丼料理は半球形のうつわにご飯を盛り、その上に食材を盛りつける料理です。海鮮丼のように冷たい丼や、かつ丼や牛丼など温かい丼があります。家庭では、温かい蕎麦やうどんと兼用のうつわとして丼を使用することも多く、**01**や**02**、**04**のように熱々の丼でも持ちやすい高台のついたタイプが使いやすいとされています。**03**のように高台がないうつわを楽しむという意味で、小丼（こどんぶり）も最近人気です。また、お店で使われるような蓋つきの丼は、親子丼やかつ丼など蓋をすることで密閉されて蒸され、ちょうどいい加減になる料理に使われます。

PASTA

パスタのうつわ

OVAL PLATE

オーバル皿

01

DEEP DISH

深皿

03

SOUP BOWL

スープボウル

04

FLAT PLATE

フラットプレート

500種類以上あるといわれているパスタ料理。日本では1945（昭和20）年にナポリタンが横浜の「ホテルニューグランド」で誕生。その後、和風パスタも登場し、今では家庭の定番メニューです。パスタのうつわ選びは、パスタの長さやソース量、とろみなどに合わせ、食べやすさを考えることが大切です。スープパスタは

01や03のような深さのあるうつわに、ソースを絡めたパスタは04のようなフラット皿や02のような皿でも。また和食器にパスタを盛りつけたり、フォークではなく箸を合わせたり、和洋ミックスも楽しめます。

SOBA / UDON
蕎麦・うどんのうつわ

01

FLAT PLATE
FOR EVERYDAY USE
普段使いの平皿

02

ZARU×PLATE
ざると皿

03

DONBURI
丼

04

FOOT RING
温かい蕎麦・うどんには高台つきを

江戸時代から、冷たい蕎麦のうつわは蒸籠（せいろ）、温かい蕎麦のうつわは丼・鉢で食べる文化が根づいています。今の時代も、うつわ選びは蕎麦の「温」「冷」で使い分けると見た目からもおいしくいただけます。冷たい盛り蕎麦の場合は、蒸籠ではなく**01**のような普段使っている平らな洋食皿でも。**02**のざるに盛りつけ、水けを受ける皿を敷くうつわ使いも家庭でできます。温かい蕎麦・うどんの場合は**03**のような丼で、洋食風のメニューなら洋食器のボウルで食べることがあり、**04**のような高台のあるうつわもおすすめです。

SALAD

サラダのうつわ

01
GLASS PLATE
ガラスの皿

02
ENAMEL PLATE
琺瑯（ほうろう）の皿

04
DEEP DISH
深めのうつわ

03
WOOD PLATE
木のうつわ

サラダと一口に言っても、例えばコブサラダ、ポテトサラダ、カプレーゼのようにバラエティ豊かです。サラダのうつわ選びは、その特性に合わせて選んでいきましょう。シンプルなグリーンサラダは、**01**のようなガラスのうつわや**02**のような琺瑯のうつわ、**03**の木製プレートとも相性がいいでしょう。汁けのあるサラダは**04**のような深めのうつわや、サラダボウルなどだとすくいやすくなります。大皿で食卓に出しトングで取り分けたり、1人分を小さめのうつわに盛りつけたり。サラダはいろいろなうつわを存分に楽しめるメニューといえます。野菜の色が映えるシンプルなうつわも活躍します。

SANDWICH

サンドイッチのうつわ

01
ACCORDING TO SIZE
サイズに合わせて

02
CAKE PLATE
ケーキ皿

03
BASKET
バスケット

04
ELLIPSE PLATE
楕円のうつわ

サンドイッチは、重ねた食パンをカットしたおなじみのタイプや、アフタヌーンティーで出てくるような一口サイズとさまざま。うつわは、その大きさや個数、厚みに合わせて選ぶことがポイントです。01や04のように大きく厚めのサンドイッチの場合は、基本的にうつわに余白のあるほうが美しい盛りつけといえます。

小さめのサンドイッチの場合は02のようなケーキ皿が盛りつけやすいです。03のようなバスケットは通気性がよく、丈夫な竹製ならランチボックスとしても重宝します。また、家で食べるときにうつわとして使えば、サンドイッチを引き立ててくれるでしょう。

DESSERT

デザートタイムのうつわ

デザートのうつわと聞いてケーキ皿をイメージするかたも多いと思います。ケーキ皿は一般的に16.5〜18cm前後ですが、それ以外のうつわを使うことも今の時代は多く、**01、02**のようなパン皿は16cm前後、**03**のデザート皿は21cm前後です。スイーツの大きさや添えるフルーツやソースなどの有無に合わせて選び ます。**01、02、03**のような絵つきや色つきのうつわは、お菓子の美しさを引き立たせるでしょう。**04、05**のアイスカップのように専用の名前がついているものもありますが、プリンやゼリーをのせるなどの用途にも使われます。

ALCOHOL

酒を楽しむうつわ

酒を少したしなむときのうつわは、そのかたちによっておいしさや香りを存分に楽しめるものがいろいろと開発されています。01、02のように脚がついているグラスをステムグラスといいますが、01は小ぶりのため、日本酒やリキュールワインなどを飲むのにおすすめです。02のワイングラスは専門知識が必要ですので、ワイン売り場の店員やソムリエに相談するとワインに合わせてベストなものを選んでくれます。03は錫（すず）でできた日本酒専用のうつわです。04、05、06はプロの日本酒テイスターが開発メンバーに加わり、日本酒の種類に合わせて誕生した、きき酒専用のうつわです。

APPETIZER

つまみをのせるうつわ

01

02

03

04

05

06

07

p.49の酒を楽しむうつわとぜひ一緒に使いたい、つまみのうつわ。**01**のカッティングボードは、水けが少ないものを食べやすい大きさにカットしてそのまま食卓に出せるうつわで、チーズやサラミ、ナッツなどさまざまなつまみをのせられ人気です。**02**、**03**、**06**のように小さなボウルや小鉢は深さもあり、まとまりにくい小さな食べ物や水けのあるものを入れたりする場合に使います。**04**の豆皿や**05**の中皿、**07**のショットグラスなど、人数やシーンに合わせて自由度が高いうつわ選びも楽しめます。場面により大皿につまみを盛りつけ、取り皿を用意することもあります。

TEA & COFFEE POT

お茶とコーヒー時間を楽しむうつわ

01、02はコーヒーポットで、紅茶のポットに比べて背が高いことが特徴です。サイフォンやドリップなどで入れたコーヒーを移し替えるため、おかわりできるよう人数分以上入れても冷めにくい縦長のかたちになっています。**03、04**はティーポットで紅茶用です。球に近いかたちは中で対流が起きやすく、茶葉から紅茶を抽出するのに最適な状態になりやすいのです。日本茶は**05**のような急須を利用するのが一般的です。特徴は持ち手が注ぎ口に対して横についている独特の形状で世界的にも大変珍しいかたちです。最近では、日本茶も紅茶も両方楽しむことができるものも多く販売されています。

DRINK

飲み物を入れるうつわ

飲み物のうつわは、メーカーによって呼び方が異なることが多く、少し紛らわしい世界。最近、家庭用として人気のある**01**、**02**のステムグラスは見た目のよさだけでなく持ちやすさもあります。**02**のほうは脚が短めでゴブレットと呼ばれ、指2本くらいで持つことができます。**03**のカップ＆ソーサーはコーヒー用と紅茶用があり、コーヒーカップは直径が小さく、ティーカップのほうは直径が大きくできています。最近ではコーヒーも紅茶も楽しめる兼用カップも商品化されています。**04**はタンブラーともコップともいいます。**05**、**06**はマグカップ。マグカップの定義は、「取っ手のついた筒形の大きなカップ」です。

覚えたい4つのキーワード

リム

お皿の縁（ふち）のことを英語でrim（リム）といいます。和食器では、口縁（こうえん）または口造り（くちづくり）と呼びますが、現代では和食器の縁のこともリムと呼ぶことがあります。食事を盛りつける部分とリムの割合はお皿によってさまざま、お皿の縁の1割ほどで立ち上がっているものが最近の人気です。リムがあることで持ちやすく、お皿を持つときに指が料理に触れないので衛生的に給仕できます。また、料理をのせたときに余白ができるため、盛りつけるとさまになります。

高台

高台（こうだい）はうつわの底の台の部分のことをいいます。高台があることで、うつわを手に持っても直接熱さが伝わりにくく、安心して熱いものを食べることができます。そのため、茶碗、汁椀など持ち上げて使ううつわについていることが多いです。また、うつわを買ったら、高台のざらつきを確認することが大事。ざらつきがあるとテーブルやほかのうつわを傷つけることがあるため、サンドペーパーでこすってから使いましょう。

バックスタンプ

うつわの背面にスタンプがあるものもあります。つくられた年代、製造方法など貴重な情報が描かれています。うつわの絵柄が上か下かわからないときはバックスタンプで確認できます。ブランド食器のバックスタンプは同じメーカー・同じシリーズであっても製造年代によってさまざまなものが描かれているので、見るのも楽しいです。同じブランドのバックスタンプ違いでうつわを集めるコレクターも世界中にいます。

ティーポットとコーヒーポット

ティーポット（写真左）とコーヒーポット（写真右）では、注ぎ口の形状にも違いがあります。紅茶には、おいしく味わうためにゴールデンドロップと呼ばれる最後の1滴までしっかり注ぐ手法があり、注ぎ口の短いものが多いです。一方、コーヒーポットは2種類あります。1つはドリップ用のお湯を入れる琺瑯（ほうろう）やステンレス製のポットで、注ぐお湯の量を一定にするため、注ぎ口の細いものが多いです。もう1つは写真のような、抽出したコーヒーをカップに注ぐためのポット。陶器や磁器、銀製のものなどがあり、注ぎ口が細いものと、そうではないものがあります。

うつわ使い「やってはいけないNG集」

うつわ使いで気をつけたいNGを紹介します。マナーやうつわの素材や用途などに
注目しましょう。お気に入りのうつわを気兼ねなく、楽しく使うことができます。

高級な和食器や焼き締めの
うつわを扱うときは、指輪に注意

指輪をつけているときは、触る、洗うなどすると
きにうつわを傷つけてしまうことがあります。特
に絵付けが繊細な高級な和食器、釉薬がかかって
いない焼き締めのうつわ、クリスタルガラスのう
つわを扱う際は、注意が必要。指輪を外しておく
と安心です。

お椀の蓋は、食べ終えて
置いたままはNGです

汁物を食べた後、蓋を裏返してテーブルに置いた
ままにするのはマナー違反。食べ終えたら、元の
とおりにかぶせましょう。また、蓋を裏返してお
椀と重ねることはタブーとされています。蓋に傷
がついてしまいますので避けましょう。

洋食器は持ち上げない

洋食ではうつわを持ち上げるのはマナー違反とさ
れています。また、サラダボウルのように小さな
うつわも片手で持ち上げるのは避けましょう。例
外として取っ手のついたスープカップは持ち上げ
ても大丈夫ですよ。

油物を洗った後のスポンジで、
グラスを洗うのは避けましょう

油を使った料理を盛りつけたうつわを洗ったスポ
ンジで、グラスを洗うのは避けましょう。グラス
に油膜が残ってしまうため、飲み物を飲むときに
影響してしまいます。こだわりのあるかたは、グ
ラス専用のスポンジを用意しておくのがおすすめ
です。皿を洗う順番も意識して、汚れの軽いもの
から洗うと、洗剤と水の節約になります。

食べ終えた皿は重ねないで

食べ終えた後のうつわはつい重ねたくなりますが、避けたほうがいい場合も。うつわに傷がついてしまったり、重ねた裏側が汚れてしまったりするので、大切なうつわの場合は特に注意を。皿の持ち主にひと声かけて確認するとよいでしょう。

金・銀の絵付けがされているうつわは取り扱いに注意を

私たちの生活で気軽に使える陶器や磁器のうつわ。ただし、金や銀の絵の具で絵付けがされている場合は、いくつか気をつけたいことがあります。まず、電子レンジの使用は電磁波が金属に反射してしまうため、火花が出て危険。また、金彩が黒く変色してしまうことがあります。最近では火花が出ない金・銀の絵付けが開発されているので、調べてから購入すると安心です。また、梅干し・レモン・酢など酸性の食品をのせると、その箇所だけ変色してしまうことが。使用前にうつわを水で濡らしておくと、防げますよ。

食器棚にグラスを収納する際、下向きにはせず、下に布は敷かない

食器棚にグラスを収納するとき、下向きは避けましょう（p.94参照）。ワイングラスなどが割れるのが心配な場合は、グラスラックを使うか、滑り止め効果のあるシートの上に並べましょう。また、棚板の上にタオルなどを敷くと、布のにおいがうつわにうつってしまうので避けましょう。

和食器は、中・大皿は持ち上げない

和食では以下のとおり、持ち上げてよいうつわといけないうつわがあります。
・持ち上げてよいうつわ：
　椀、小鉢、小皿、丼
・持ち上げてはいけないうつわ：
　中皿、中鉢、大皿、大鉢
手のひらより小さい皿は持ち上げてよい、手のひらより大きい皿は持ち上げてはいけないとされています。

THEME: アスリートごはん ✕ うつわ

アスリートとして活躍する人たちは、トレーニングだけでなく、
体づくりやコンディショニングのために食事からしっかり栄養をとるのも重要です。
その栄養バランスを、うつわを通して考えることもできます。

食事の栄養をうつわで把握する
元Jリーガーの小泉勇人さん

うつわ使いも目を引く、彩りのよい小泉さんのアスリートごはん
(Instagram @zumi_meshiより。本人撮影)

「コロナ禍でJリーグが中断したときに、今までより時間に余裕ができたため、本格的に自炊を始めました。プロアスリートとして家でもコンディションを整えるために、まずは食事からと考えたのです。この機会にしっかりスポーツ栄養学を学び、資格を取得しました。

　栄養バランスを考えた食事をつくると、自然と彩りのいいおかずが増えます。いわゆる『映える写真』が撮れると思いSNSに投稿を始めました。たくさんのかたが見てくれ、料理だけでなく、うつわについても関心があるかたもいて、自分自身もうつわにどんどん興味が湧きました。栄養に加えて色彩を勉強し、今では僕なりの法則ができてきました。基本は、となり合わせに同じ色のうつわを置かず、左右対称に並べます。少しアレンジを加え、全体のバランスがとれた配置になったら、献立を考えていきます。スポーツ栄養的な視点でいうと、野菜の自然な赤、緑、黄、橙、紫といった彩りが映えるように、控えめな色みのうつわを多めにそろえています」

こんなふうにうつわ選びをしています

好きな作家の個性的なうつわを中心に、豆皿や小皿はシンプルなものを2枚ずつそろえます。中皿に個性をとり入れつつ、配色を控えめに統一することで、一体感がうまれます。

多数の豆皿には、それぞれに少量ずつおかずを盛りつけます。彩りがよくなり、食欲もかき立てられます。種類は豊富でも1品ずつ適量を盛ることで、食べすぎが抑えられます。

小泉勇人さん

en's life代表。元Jリーガー。アスリートフードマイスターをはじめ、食にまつわる資格を多数取得。

LESSON

3

うつわの 種類を知る

食事を盛りつけるうつわは、
伝統的なものから
個性あるものまで実に幅広い世界。
代表的なうつわのルーツや
今の時代のうつわの
特徴を学びましょう。

うつわの分類は「和食器」「洋食器」から「日本うまれ」「海外うまれ」へ

和食器、洋食器。よく聞く言葉ですよね。
実は現在では和食器と洋食器の垣根は曖昧なものになりつつあります。
かたちは伝統的な和食器なのに日本の伝統色ではなく、まるで洋食器のようなうつわ。
日本のメーカーが商品を企画し、海外の工場でつくられているうつわも多くあります。
扱いに気を使うイメージの強い漆器も、
ある国内ブランドは海外向けに、カラフルで積み重ねできる商品をつくっています。

うつわをつくっている窯元を訪ねたときに
「焼き物の原材料である土は私たちの貴重な資源。
日本の土は今、貴重だから最近は海外から土を仕入れてうつわをつくっている窯元もある。
どこの土を使うかではなく、地球上の土を使う。みんなの地球の土だから」
と教えてもらいました。

日本の土と海外の土とを混ぜ合わせた配合土でつくられているうつわもあれば、
日本の土だけでつくられた焼き物に輸入の釉薬を用いているうつわも。
これが「今の時代のうつわ」なのです。

そこで本書では
「日本うまれのうつわ」「海外うまれのうつわ」と分類しました。
うつわ検定に向けて、今の時代のうつわの種類をとらえていきましょう。

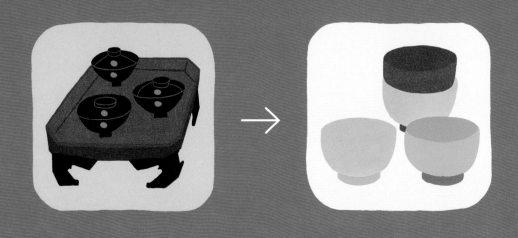

今の時代のうつわの分類

かつては

海外の食文化とともに、海外でつくられたうつわも日本に入ってきたことから、「和食器」「洋食器」と分類されるようになりました。和食か洋食か、食事の内容に合わせて、うつわを選んでいました。

和食器

日本でつくられたうつわ

日本食を食べる
ことを前提に
つくられたうつわ

洋食器

海外でつくられたうつわ

洋食を食べる
ことを前提に
つくられたうつわ

日本うまれ
のうつわ

和食器／洋食器

海外うまれ
のうつわ

和食器／洋食器

さまざまな料理に対応するうつわ

LESSON 3

今は

和洋中さまざまな食事をする今の時代は、和食器に洋食を盛りつける、またはその逆などもあり、それらが違和感のない使い方となりました。同時に、うつわの窯元、メーカー、ブランドの進化した技や、原材料の輸入・輸出も盛んになり、さまざまな国で和食器、洋食器ともにつくられています。

日本うまれのうつわ

海外うまれのうつわ

日本うまれのうつわについて

うつわ検定流にまとめた歴史のポイントを学びましょう。
写真は今の時代の代表的なうつわです。その特徴を感じとりましょう。

日本の陶器は縄文土器にルーツがあるといわれており、世界各地の土器と比べて古い歴史があるとされています。飛鳥時代には、釉薬を用いた陶器がつくられるようになったともいわれており、以降、さまざまな陶器がつくられていくこととなります。鎌倉・室町時代になると、現在では日本六古窯と呼ばれる六窯のあるところを含めた各地で、それぞれ特色のあるうつわづくりが盛んになったといわれています。明治時代以降になると石炭窯の焼成（しょうせい）、着彩技術など新技術の導入があり、1926（大正15）年から昭和初期には生活に使用しているものにも美しさを見いだそうとする民藝運動が起こり、日常使いの陶器も見直されてきました。

現在は、各地で陶器市が開かれ、作家物のうつわと出合える機会も多くあります。陶器は家庭で日常的に使われる「身近なうつわ」となっているのです。

CHECK! 【覚えたい用語】

釉薬（ゆうやく）…釉（ゆう）、うわぐすりとも呼ぶ。陶磁器の全体を覆うガラス質の被膜のことで、陶磁器の装飾のほか、吸水性をなくし、うつわの強度を上げる働きもある。

さまざまな風合いの陶器

陶器の原材料は陶土です。焼成温度は1000～1300度となり、透光性がなく、釉薬のかけ方や重ねる回数、釉薬の種類などにより多彩な技法や色や質感が表現されます。たたくと濁った鈍い音がします。

今の陶器は日常使いしやすいように、かたちや強度、環境に優しい素材を使うなど、確実に進化しています。

日本うまれの陶器

日本うまれの磁器

今の時代には、日常使いで楽しめる、個性的なブランドが続々と登場しています。

磁器製造技法は朝鮮半島を経て、日本に伝わりました。朝鮮出身の陶工（とうこう）・李参平（りさんぺい）が現在の佐賀県有田町の泉山で陶石を発見し、日本初の磁器が誕生しました。その後、酒井田柿右衛門が色絵磁器の技術を確立、17世紀には伊万里からヨーロッパへ色絵磁器が大量に輸出されました。18世紀になると有田地域から各地に磁器の製造技術が伝わり、現在も磁器の産地である京都、九谷、砥部、瀬戸などにも広がりました。

磁器は吸水性がなく取り扱いが簡単なため、「身近なうつわ」といえます。磁器の可能性に魅了されている作家も多く、国内・国外の垣根を越えて結成された

デザイナーチームは、有田焼の伝統を受け継ぎながらも新しいデザイン磁器のうつわを手がけ、大きな注目を浴びています。長崎県波佐見町では、町が一体となり「波佐見焼」をブランド化し、発信しています。また、真っ白な素地に鮮やかな絵が際立つ絵付けのうつわも人気です。

CHECK! 【覚えたい用語】

絵付け（えつけ）…陶磁器に絵を描くことをいう。染付（そめつけ）・色絵（いろえ）が代表的な技法で、ハンコのように転写で絵付けを行う「印判（いんばん）」などもある。

日本うまれの漆器

手軽に使える加工を施している
ものも増え、お祝い事など特別
ではない日に、漆器を使う人も
います。

　縄文時代のものとされる漆を塗った容器が出土しており、漆器は古くから使われてきたものであることがわかります。飛鳥時代には大陸から伝わったといわれる漆工芸技術をきっかけに、日本の技術は大きく発展しました。蒔絵（まきえ）や螺鈿（らでん）などが日本を代表する工芸品にもなりました。16世紀にはヨーロッパにも漆器の調度品が輸出され、「japan」と呼ばれるほどに。江戸時代には、本阿弥光悦や尾形光琳による華やかな蒔絵の作品が誕生し、日本各地でさまざまな漆器がつくられます。明治時代には国をあげて輸出を強化します。その後、高級な漆器は戦争の影響もあって生産も需要も減りますが、高度経済成長で再び国内外での需要が高まり、今に至ります。

　現在では、和食・洋食を問わずに使える絵柄が描かれているものや、食洗機などに対応したもの、使いやすいかたちのものなど、今のライフスタイルに合わせた漆器も多くつくられています。

CHECK!【覚えたい用語】

漆（うるし）…漆の木を傷つけたときににじみ出てくる樹液のこと。塗料や接着剤、防水剤として利用。塗膜が堅牢で熱や湿度に強く、酸やアルカリにも変化しない。漆を塗り重ねることで漆器がつくられる。

日本うまれの天然素材

繊細な製品の多い日本うまれの
天然素材のうつわ。職人が一つ
一つ手仕事でつくり出す希少な
ものもある。

　日本では古くから、天然素材を編んでつくったうつわが使われていました。縄文時代の遺跡から、竹かごに漆を塗った籃胎（らんたい）漆器やかご類が発掘されています。その後、竹工芸が発展し、江戸時代には、もり蕎麦のうつわとして四角い枠に竹で編んだ簀（す）を敷いたものが使われるようになり、蕎麦を蒸す蒸籠にも使われました。

　天然素材を編んだうつわは陶器や磁器などと違い、使用後は基本的に洗うことができませんが、味わいや通気性のよい性質が支持され、今もなお人気です。竹素材のざるや弁当箱、杉や竹を使った蒸籠と、さまざまなものがあります。その技を広げるべく、職人が日本から海外の工房へ行き、実技指導を行ったり、日本で企画されて海外でつくられるなど、天然素材のうつわは国の垣根を越えて進化しています。

CHECK! 【覚えたい用語】

蒸籠（せいろ、せいろう）…竹や木を編んでつくられた蒸し料理用の調理器具。円形などの枠に竹や木を編み込んだ容器に当たる身と呼ばれる部分と、それにかぶせるように取りつけられた蓋の部分からなるものが基本形。

日本うまれの木

自然に還る環境に優しい素材と
しても、ニーズはますます高ま
っています。

　森林資源が豊富な日本では木のうつわの歴史が古く、木のさじやお椀が縄文時代の遺跡から見つかっています。江戸時代には各地で木製品がつくられ、「秋田の曲げわっぱ」「箱根の寄木細工（よせぎざいく）」などがその代表例です。天然のぬくもりを生かしたもの、ノミやカンナを使い丁寧につくられたものと、木のうつわは温かみを感じるだけでなく、カトラリーが当たる音もやわらかく、なにより軽くて扱いやすいのが魅力。さらに口当たりがよく、割れにくいところが実用的です。

　木目の美しさをそのまま生かしたアイテムは、季節を問わず人気です。うつわやまな板として、テーブルで活躍するカッティングボードはその代表例。木目は1つとして同じものはなく、作家物で木目を生かしたアート作品のようなうつわも登場し、今後も進化が予想されています。

CHECK!　【覚えたい用語】

作家物…陶磁器や焼き物をつくるための技術をもった人たちが、原材料やかたちなどさまざまな点にこだわり、つくり出される、量産品ではないうつわのことをいう。一点物も多い。

日本うまれのガラス

レトロなデザインを再現したグ
ラスや、作家によるアートのよ
うなうつわなど多彩なアイテム
が使われています。

縄文時代の遺跡からガラス玉が発見されたことから、日本には古くからガラスがあったとされています。戦国時代にはフランシスコ・ザビエルが来日し、ガラス器が持ち込まれました。その後、製造技術も伝わったといわれています。江戸時代に唯一、ヨーロッパに開かれていた長崎では、ガラス工芸品がつくられていました。ポルトガル語でガラスを意味するvidroを語源に「長崎ビードロ」と呼ばれ、人気に。これをきっかけにガラスのうつわづくりは日本の各地に広がります。江戸後期に誕生した江戸切子、薩摩切子は、その繊細なカットが今でも国内外から人気です。

現在は、素材面での進化も著しく、丈夫な強化ガラス、熱に強い耐熱ガラス、さまざまな原料からなる工芸用のガラスと種類がとても豊富です。型吹きや宙吹き（ちゅうぶき）と、成形する手法によりガラスの表情も異なります。

CHECK! 【覚えたい用語】

型吹き（かたぶき）…溶かしたガラスを型の中に吹き込んで成形する手法。同じかたちを量産することや四角形など角形デザインのものをつくることに向いている。

日本うまれの樹脂

技術の発達により「樹脂には見えない」うつわも登場しました。漆器に似ているフェノール樹脂もその例です。

日本では1955（昭和30）年頃に樹脂のうつわが登場。プラスチック食器と呼ばれることが多く、昭和40年代には絵付け技術も進み、急速に需要が拡大しました。メラミン、ポリプロピレンやウレタンと、さまざまな樹脂素材のうつわが開発され、軽くて丈夫、割れにくいという特徴から、飲食店、社員食堂と業務用でも支持されています。樹脂だからこそ出せるカラフルなカラーで、子ども用やアウトドア用のうつわとしても人気があり、重いものを持ちにくい高齢者用としてもニーズが高まっています。また、メラミンウェアは日本国内はもちろん世界中で、幅広くつくられている樹脂製品です。

進化した樹脂のうつわは、耐久性の高さから汁椀の素材としてよく用いられています。日本のメーカーが販売する樹脂食器の中には、日本で企画開発され海外の工場で生産されているものも多くあります。

CHECK! 【覚えたい用語】

メラミンウェア…メラミン樹脂というプラスチックの一種を素材としたもの。軽量で強度があり、熱いものを入れることもできるため、家庭用食器としてのほか、病院や介護施設で使われることも多い。

日本うまれの金属

日本の工芸品として、陶器、磁器と並んで発展してきた金属のうつわ。時代に合わせて色や型が変化しています。

国内の金属のうつわを語るうえで、欠かせない存在が岩手県の南部鉄器です。国の伝統的工芸品に指定され、とても丈夫で長く使い続けることができるのが特徴です。近年ではカラフルな商品も増え、若い世代や外国人観光客にも人気です。

銀製品では、国の伝統的工芸品に指定されている東京銀器が著名です。江戸時代に始まり、ほとんどの工程が職人による手作業です。安全性が高く長もちするため、ベビースプーンや酒器などもつくられています。

銅・錫製品では、富山県高岡市などでつくられている高岡銅器が有名です。近年ではこれまでの仏具や農具の製作技術を駆使し、グラスやお皿などの日用品の製作も増えています。錫の特性を生かした曲がるうつわは海外でも人気です。

CHECK! 【覚えたい用語】

錫(すず)…日本で器物に用いられてきた金属素材五金(銅・錫・鉄・金・銀)の一つ。ほかの金属と比べてやわらかく、傷つきやすいが、錫のうつわはその味わいも楽しむもの。

日本うまれのさまざまな
素材をあわせたうつわ

デザインはもちろんのこと、こ
れまでになかった素材のうつわ
からは、手がけるメーカーや作
家たちのうつわへの思いを感じ
ます。

　使われる素材が1つではなく、いくつかを組み合わ
せてつくられたうつわ。この斬新でワクワクする試み
が、今の時代のうつわをとり巻くメーカー、ブランド、
うつわ作家により進められています。
　例えば、写真右上の大きな角皿は山中漆器が開発し
たもので、漆器本体には樹脂を使い、そこに汚れに強
いウレタン塗装をしたラックヌーボー。左上は陶器に
銅を塗装したもの、右下は樹脂とガラスの新素材でつ
くられたもの、左下は落としても割れない耐久性をテー
マにしたブランドのうつわ。昔のうつわ職人たちが
聞いたら驚くような進化は、これからも私たちを楽し
ませてくれそうです。

　一方で、使われなくなったうつわを回収し、原料に
戻して再生するプロジェクトや、肥料に変える新しい
技術をうみ出すメーカーなどもあります。

CHECK!

うつわの新素材…従来のうつわの素材にない、すぐれた性能と機
能をそなえた新しい素材をうつわの新素材と定義する。メーカー
の研究者やうつわ職人によって、素晴らしい新素材がうまれ続け
ている。

焼き物の種類 　日本うまれ

日本うまれの焼き物の種類は大きく分けて陶器、磁器、土器、炻器の4種類です。
それぞれの特徴を学びましょう。

陶器（とうき）

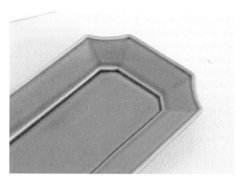

主な原材料は陶土。焼成温度は1000〜1300度です。土の色みが楽しめ、全体に厚みがあり、太陽や電球にかざしても透けません。釉薬により多彩な技法や色が楽しめ、たたくと濁った鈍い音がします。

磁器（じき）

陶石などを混ぜた磁器土の粘土で成形し、釉薬をかけて1300度以上で焼いたもの。「石もの」ともいわれます。吸水性はなく、透光性があります。有田焼、九谷焼、京焼、砥部焼、瀬戸焼などが代表的なものです。

◎陶器と磁器の違い

うつわ初心者には、見た目が似ていて違いがわかりにくい陶器と磁器。比べてみると右のような違いがあります。

※一部の磁器は透光性がないものもあります。

	原材料	焼成温度	特徴	例
陶器	陶土	1000〜1300度	吸水性がある。透光性なし。たたくと鈍い音がする	萩焼 唐津焼
磁器	磁器土	1300度以上	吸水性がない。透光性あり。たたくと高音がする	有田焼 九谷焼

土器（どき）

粘土に水を加え、こねて練り固めて成形し、焼き固めて仕上げます。焼成温度は1000度未満、特に約600〜900度で焼かれたものが多く、釉薬をかけないため、吸水性が高く、もろいのが特徴です。家庭で使う土鍋などがこれに当たります。

炻器（せっき）

陶器と磁器の中間的な焼き物。英語のストーンウェアを訳したものです。粘土でかたちづくり、日本うまれのうつわは釉薬をかけず（かけるものもあり）に1200〜1300度で焼き締めます。透光性はないのが特徴。写真の備前焼や、伊賀焼などがこれに当たります。

和食器のかたち

和食器にはいろいろなかたちのものがあります。丸や四角のほか、
花のかたちなどバリエーションが豊富。メニューや季節で使い分けるのも楽しいものです。
どのようなかたちのものがあるのか覚えていきましょう。

和食器にはいろいろなものがあり、そのため、同じようなかたちや用途でも
作り手や窯元によって呼び方は異なります。ここでは、一般的なものについ
て紹介します。

呼び方	例	特徴
碗・椀（わん）	茶碗（飯椀ともいう）、汁椀など	ご飯やみそ汁を盛りつけるもの。深さがあり、熱いものをよそっても持ち上げられる「高台」がついているものがよく用いられる。木製や漆器は「椀」、陶磁器は「碗」と、字が異なる
皿	丸皿、角皿、楕円皿、長角皿、八角皿、隅切り皿、リム皿（縁つき皿ともいう）、輪花（りんか）皿、木瓜（もっこ）皿	主に主菜や副菜等を盛りつける、平らまたは浅いうつわ
鉢	丸鉢、角鉢、平鉢、輪花鉢、八角鉢 丼 片口	皿よりも深さのあるうつわ。主に主菜や副菜を盛りつけるのに使う。汁けのある料理にも適している。片口は、液体を移し替えるときに使う道具だったが、今はおかずを盛るための鉢としても使われる
酒器	徳利、片口 猪口、ぐい呑み、盃	日本酒を飲むために使われるうつわ。サイズ・形状により「猪口」「ぐい呑み」「盃」に分けられる。総称して「盃」や「酒杯・酒盃（しゅはい）」と呼ぶこともある
茶器	急須、土瓶 湯呑茶碗 汲み出し茶碗、茶たく	お茶を入れたり、飲むときに使われるうつわ。主に煎茶、ほうじ茶などの日本茶のために使う。湯呑茶碗（切り立て湯呑）は筒形の細長いかたちのもので、冷めにくいため、ほうじ茶、番茶に適している。汲み出し茶碗は口が広く、腰の張ったかたちのもので、煎茶などに向いている
その他	蕎麦猪口 蓋物	蕎麦つゆを入れるうつわ。近年では、湯呑やデザートカップとしても使われている。蓋つきのうつわは、蓋があることで乾燥を防ぐ。食品の保存、調味料入れや前菜用の小鉢として使う

LESSON 3

写真上から左回りに、輪花鉢、八角鉢、木瓜皿。輪花は規則的な切り込みを入れた花、八角は福をもたらす縁起のいいかたち。木瓜は瓜または鳥の巣をかたどった家紋からきています。

写真左は茶碗、右は汁椀。汁椀は茶碗より口が狭いのが一般的です。そのため、保温性があり、熱を伝えにくいのが特徴です。いずれも持ち上げて使うため、手になじむかたちでつくられています。

全国各地の焼き物の名前　日本うまれのうつわ

焼き物の国ともいえる日本には、都道府県すべてに焼き物があります。
焼き物名とつくられている都道府県を覚えましょう。
また、どんな町でつくられているのか、焼き物の特徴も含めて調べてみましょう。

37 徳島県
【大谷焼（おおたにやき）】

38 愛媛県
【砥部焼（とべやき）】

39 高知県
【尾戸焼（おどやき）】

40 福岡県
【小石原焼（こいしわらやき）】

41 佐賀県
【有田焼・伊万里焼
（ありたやき・いまりやき）】
【唐津焼（からつやき）】

42 長崎県
【波佐見焼（はさみやき）】

43 熊本県
【小代焼（しょうだいやき）】

44 大分県
【小鹿田焼（おんたやき）】
【臼杵焼（うすきやき）】

45 宮崎県
【高千穂焼（たかちほやき）】

46 鹿児島県
【薩摩焼（さつまやき）】

01 北海道
【こぶ志焼（こぶしやき）】

30 兵庫県
【丹波立杭焼
（たんばたちくいやき）】

31 鳥取県
【因久山焼
（いんきゅうざんやき）】

35 山口県
【萩焼（はぎやき）】

36 香川県
【理平焼（りへいやき）】

32 島根県
【石見焼（いわみやき）】

33 岡山県
【備前焼（びぜんやき）】

34 広島県
【宮島お砂焼
（みやじまおすなやき）】

　ここで紹介した焼き物の窯は、一度なくなった後に復活した窯や、新たにつくられた窯もあります。
　うつわ好きのかたでも、この一覧を見ると「こんなところにも！」と驚く場所や、「こんな名前の窯が？」と、初めて聞く窯もあるかと思います。「窯」の存在は常に変化します。ほかにはどんな窯があるのか、ぜひ調べてみてください。

18 福井県
【越前焼（えちぜんやき）】

19 山梨県
【能穴焼（のうけつやき）】

20 長野県
【松代焼（まつしろやき）】

21 岐阜県
【美濃焼（みのやき）】

22 静岡県
【志戸呂焼（しとろやき）】

23 愛知県
【瀬戸焼（せとやき）】
【常滑焼（とこなめやき）】

24 三重県
【伊賀焼（いがやき）】

02 青森県
【津軽金山焼（つがるかなやまやき）】

03 岩手県
【小久慈焼（こくじやき）】

04 秋田県
【楢岡焼（ならおかやき）】

05 宮城県
【堤焼（つつみやき）】

06 山形県
【新庄東山焼（しんじょうひがしやまやき）】

07 福島県
【大堀相馬焼（おおぼりそうまやき）】

08 茨城県
【笠間焼（かさまやき）】

09 栃木県
【益子焼（ましこやき）】

10 群馬県
【自性寺焼（じしょうじやき）】

LESSON 3

日本六古窯（にほんろっこよう）

日本に古くから伝わる技術の焼き物で、世界的にも知られている焼き物の産地です。

【越前焼】……… 福井県丹生郡越前町
【瀬戸焼】……… 愛知県瀬戸市
【常滑焼】……… 愛知県常滑市
【信楽焼】……… 滋賀県甲賀市
【丹波立杭焼】… 兵庫県丹波篠山市
【備前焼】……… 岡山県備前市

11 埼玉県
【飯能焼（はんのうやき）】

12 千葉県
【大多喜焼（おおたきやき）】

25 滋賀県
【信楽焼（しがらきやき）】

13 東京都
【今戸焼（いまどやき）】

26 京都府
【京焼・清水焼
（きょうやき・きよみずやき）】

14 神奈川県
【眞葛焼（まくずやき）】

27 大阪府
【難波津焼（なにわづやき）】

15 新潟県
【庵地焼（あんちやき）】

28 奈良県
【赤膚焼（あかはだやき）】

16 富山県
【越中瀬戸焼（えっちゅうせとやき）】

47 沖縄県
【壺屋焼（つぼややき）】

29 和歌山県
【瑞芝焼（ずいしやき）】

17 石川県
【九谷焼（くたにやき）】

日本の特徴的な焼き物・鉄器 日本うまれのうつわ

01_ 南部鉄器

国の伝統的工芸品に指定されている南部鉄器。鉄鍋や鉄分補給グッズなどさまざまなものがありますが、なかでも有名な南部鉄瓶は、茶釜を小ぶりにして改良したのが始まりで、一般の人にも手軽に用いられるようになりました。特徴は、さびにくく長もちする、熱が均一に伝わる、保温性にすぐれていることなどで、表面のアラレ紋様は表面積を増やすためといわれています。

02_ 笠間焼

笠間焼の歴史は江戸時代からとされており、関東地方最古の窯場として有名です。この窯業地に数えきれないほどの職人や作家がいます。全国的に見ても笠間焼の陶器市は盛り上がっており、多くの作家による個性的なものや職人による伝統的なものなど、自由度の高い風土から実にさまざまなうつわがうみ出されています。毎年ゴールデンウィークに開催される笠間の陶炎祭(ひまつり)には多くの笠間焼のブースが出店され、たくさんの人でにぎわいます。

03_ 九谷焼

石川県加賀市周辺でつくられている陶磁器。大胆なデザインと華やかな色彩が特徴です。江戸時代前期に九谷の山から陶石が発見されたことが始まりで、この時期につくられた九谷焼は「古九谷」と呼ばれ、「五彩」と呼ばれる、緑・紫・紺青・黄・赤の極鮮色で描かれています。現在の九谷焼は古九谷のような「青手」「五彩手」のほか、「赤絵細描」「色絵金襴手」などつくり手ごとにさまざまな表現があります。加賀、小松、能美、金沢でいろいろな作風の作品がうみ出され、多くの技法があるのも特徴です。

04_ 信楽焼

信楽焼は、日本六古窯のひとつに数えられる、歴史ある陶器です。室町時代、安土桃山時代に茶陶が盛んになり、さらに江戸時代になると茶壺の生産が盛んとなりました。さらに、商業の発達に伴い、日用の雑貨類がつくられるようになりました。滋賀県の南部・甲賀市信楽町の名産品であり、うつわでは水瓶、種壺、茶壺、茶器、徳利など大物から小物まで幅広い製品群があります。信楽焼独特の「わび」「さび」を残しながら今日に至っています。

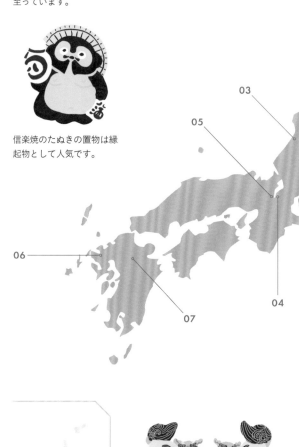

信楽焼のたぬきの置物は縁起物として人気です。

沖縄の魔除けの意味をもつシーサーもやちむんです。

工芸品の魅力は産地によって特徴が異なること。
特に特徴があるものとして、うつわ検定が選んだ8つの焼き物と鉄器について覚えましょう。

05_ 京焼・清水焼

京焼は江戸時代初期頃から発展しました。清水焼は、清水寺の参道である五条坂でつくられていた焼き物のことで、現在は京都の焼き物全般を「京焼・清水焼」と呼びます。日本文化の中心地であった京都の絵付け技術は、ほかの産地にも大きな影響を与え、ほかの産地と違ってさまざまな技法でつくられています。窯ごとに異なる特色をもち、色絵・染付・天目・青磁・粉引など数多くの焼き物がうみ出されています。

06_ 伊万里焼・有田焼

佐賀県有田町周辺でつくられている磁器。江戸時代につくられたものは古伊万里、明治以降につくられたものは伊万里焼と、年代により呼び名や価値が異なり、伊万里焼の赤絵の「柿右衛門様式」は、海外でも人気です。伊万里焼・有田焼は一般に「古伊万里」「柿右衛門」「鍋島藩様」の三様式があるといわれており、成形、焼成、加飾などの工程は完全な分業制でつくられています。特徴はきめが細かくなめらかな手触りと、透明感のある白磁に染付の藍と鮮やかな赤の配色です。

有田焼は高級なものから日用品までつくられています。

08_ 壺屋焼（読谷山焼）

沖縄県でつくられる焼き物で「やちむん」とも呼びます。特徴は、特有の釉薬を使った色鮮やかで力強い絵付け。1682年、沖縄各地にあった窯を首里城下に集め、壺屋窯が誕生します。時代とともに住宅街となった壺屋で登り窯による伝統的作陶を続けることが難しくなったため、1972年に金城次郎が読谷村に移窯します。1980年、中堅の陶工4名が共同窯を同地に開設、現在では壺屋や読谷村以外にも県内各地に窯元が分散して存在しています。

07_ 小鹿田焼

小鹿田焼（おんたやき）は、大分県日田市でうまれた陶器です。原材料となる土には、集落周辺で採取される、赤みがある土のみが使われています。釉薬によってさまざまなかたちと文様が表現された日用の器は、素朴で温かみがあります。明治時代末期までは、鉢や壺など農家の道具を生産していました。小鹿田焼の窯元は少なく、1705年頃の開窯以来変わらず、黒木家・柳瀬家・坂本家の三家体制でつくられています。

海外うまれのうつわについて

うつわ検定流にまとめた海外のうつわの歴史や、日本へ入ってきたルーツなどについて、
代表的なものを知りましょう。また、今の時代の代表的なうつわを写真で確認しましょう。

唐の時代、中国では釉薬を用いた「唐三彩」
と呼ばれる陶器がつくられ、その後、陶工た
ちから各地へ技術が広まったといわれていま
す。14〜15世紀頃には、スペインでイスパ
ノ・モレスク陶器と呼ばれるうつわが、イタ
リアではマヨリカ焼きがうまれたといわれて
います。

　海外うまれの陶器は、ヨーロッパから入っ
てくるものがコレクターも多く、人気です。
バーレイ、イッタラなどは、美しい色づかい
や絵柄が特徴です。

CHECK! 【覚えたい用語】

イスパノ・モレスク陶器…イスラム勢力に統治された
スペイン南部で発展した陶器。イスラーム陶芸特有の
金属の光沢があるラスター彩が施され、草花、鳥獣、
文字や名家の紋章などが描かれている。

マヨリカ焼き…15〜16世紀に生産が盛んだった、イ
タリアの錫釉（すずゆう）陶器。不透明な白地になる錫
釉をかけた表面に、鮮やかな彩色を施し、歴史上の光
景や伝説的光景などの絵柄を描いた後に窯で焼く。

フルセットから1枚へ

上／かつて海外ではすべて同じ絵柄のシリー
ズ「フルセット」で食器をそろえることが好
まれていました。下／イッタラのデザイナー
のカイ・フランクは、フルセットではなく、
必要なうつわを選ぶ今のスタイルを普及させ
ました。

海外うまれの陶器

海外うまれの陶器はそれぞれ個性
があり、モチーフも豊か。コレク
ターが多いのもうなずけます。

海外うまれの磁器

さまざまなブランドから販売されている、白い素地に無色の釉薬をかけた白磁や、乳白色でなめらかなボーンチャイナも磁器のうつわの種類です。

　磁器の発祥の地は中国です。景徳鎮（けいとくちん）近郊の高嶺山（カオリンザン）から産出した高嶺石は白い磁器をうみ出すのに適しており、磁器素材のカオリンの語源になりました。日本の伊万里焼などの東洋のうつわはヨーロッパの人々の憧れで、18世紀初めにヨハン・ベトガーがマイセンでヨーロッパ初の磁器をつくります。18世紀半ばにはヨーロッパ各地でつくられ、フランスにも伝わり、セーヴルやリモージュでもつくられます。現在も存続している磁器ブランドも多くあります。

CHECK! 【覚えたい用語】

カオリン…磁器の白さをつくるための重要な材料。カオリン鉱物を主成分とした白っぽい石で、粉砕したものを練り上げて陶土とする。中国の陶磁器の産地である景徳鎮の磁器を調査した、フランスの宣教師によって名づけられた。

リモージュ…フランス・リムーザン地方の中心都市で、焼き物と七宝焼の街として有名。18世紀に初めて窯が開かれ、リモージュの周辺で生産される磁器はリモージュ焼き・リモージュ磁器とも呼ばれている。

伝統的な装飾技術を駆使しつつ、洋風のライフスタイルや観光客の好みを反映したうつわもつくられています。

海外うまれの漆器

漆の自生地は、日本のほか、中国・朝鮮半島・ミャンマー・タイ・ラオス・カンボジア・ベトナムなどアジアに多く、漆器はアジア独特の工芸品です。高級なもののほかに、気軽に使える普段の生活向けのものも多くつくられています。

ベトナムでは螺鈿などの装飾を施したトレイ、ミャンマーでは小さな筒状のうつわが有名です。また、重厚感のあるタイ漆器は見た目より軽いのが特徴です。韓国には写真のような螺鈿装飾の蓋の湯呑や茶たくがあり、各国の漆のうつわには、その地域の特色があります。

CHECK! 【覚えたい用語】

螺鈿（らでん）…ヤコウガイ、オウムガイ、アワビ、アコヤガイなどの、貝殻の内側の真珠色に光る部分を切り出し、漆器などの表面に貼ったり、はめ込み装飾をしたりする技法のこと。

タイ漆器…タイ北部チェンマイや南部でつくられる漆器。日本漆器は主な素材が木なのに対し、タイ漆器は竹を使用している。タイ漆器には貝片で装飾する螺鈿制作が行われているものも。

素朴ながら自然を感じるナチュラルな風合いは、インテリアに合わせて選んでいる人もいます。

海外うまれの天然素材

　植物素材で編んだうつわの材料は、竹・ストロー（麦）・ウィロー（柳）・ウッドチップ・ラタン〔籐〕・メイズ（とうもろこし）・ジュート（麻）などがあります。生息する地域の風土・気温により植物そのものの特徴が異なり、それを生かしてつくられたうつわは強度や色合い、質感も異なり、見ているだけでも楽しいもの。竹は丈夫で加工しやすく抗菌性・消臭性があり、カトラリーケースに。また、トレイやバスケットと、さまざまなうつわがつくられているのも特徴です。自然に還る素材としても、注目されています。

CHECK! 【覚えたい用語】

ラタン（籐）…草かんむりの藤（フジ）ではなく竹かんむりで籐（トウ）。フジはマメ科、トウはヤシ科で全く別の植物。

カトラリーケース…食卓用のナイフ、フォーク、スプーンなどのことをカトラリーと呼び、カトラリーケースは、主にそれらを収納する入れ物のこと。

海外うまれの木

木の材質によって全く異なる色、
異なる木目の美しさも特徴で、
おのおのの好みが分かれる部分
でもあります。

　木製のうつわは、主にアジアや北欧など木材資源の
豊かな国でつくられています。海外うまれの木製のう
つわの代表格はアカシア・オリーブ・メイプル・くる
み・ウォールナット・ブナなど種類が豊富で、選ぶ楽
しさもあります。写真左下の木製のかごはアンティー
クでパンを入れるためのかご。古くから人々の生活の
中で使われていました。
　皿やボウル以外にも、ボード、エッグスタンド、カ
ップとさまざまなうつわに展開されています。

CHECK! 【覚えたい用語】

アカシア…オーストラリア、アフリカなどが生息地として有名な
マメ科のアカシア属に分類される木材。丈夫なことから木製のう
つわの中でも人気が高い。

木目…木材の表面に表れている年輪がつくりだす模様のこと。木
のうつわは同じかたちでも木目によって全く印象が違って見える
ことが多い。

色合いが目を引く海外のガラスのうつわ。作家物からブランド物まで幅広い。

海外うまれのガラス

　ガラスの歴史はとても古いとされていますが、明確にはなっておらず諸説あります。古くからさまざまな技法がうみ出され、カットに特徴があるササンガラス、色鮮やかなヴェネチアンガラス、硬度と透明度が高いボヘミアングラスなど、個性的なうつわがつくられてきました。また、色ガラスやエナメル彩色など、数々の高度な装飾技術も誕生しています。一つ一つ手づくりするほかに大量生産もできるようになった今、海外製のガラスのうつわは日本に多く輸入され、カラーガラスや耐熱ガラス、華やかな模様が型押しされたガラスのうつわなど、好みに合わせて選ぶことができるようになっています。

CHECK! 【覚えたい用語】

ササンガラス…ササン朝ペルシアでつくられたガラスのこと。江戸切子のようにカット加工されているものが有名。シルクロードの交易品として東アジアにまで運ばれた。

ヴェネチアンガラス…イタリアではヴェネチアンガラスのことをムラーノグラスと呼ぶ。「ヴェネチアンガラス」は、ムラーノ島の職人によってうみ出された手づくりのものとされている。

海外うまれの樹脂

海外うまれの樹脂のうつわは大きさやカラフルさも特徴。食洗機対応のものも多く開発されています。

　樹脂のうつわというより、プラスチック食器という言葉のほうがなじみがあるかもしれません。そのプラスチックは20世紀の初めに、アメリカの化学者により発明されたといわれています。その後、各国で研究が進み、次々と新しいプラスチック製品が発明され、うつわも多く生産されます。樹脂の代表的な存在のメラミン樹脂は、1938年にスイスのCIBA社が開発し、第二次世界大戦中にアメリカ海軍の食器に採用され、世界中に広まったといわれています。

　割れづらく軽いという特徴を生かし、パーティー用などの大きなうつわや、ケーキスタンドなど華やかなシーンにも合わせたい便利な樹脂製のうつわが多くあ

り、私たちの暮らしに彩りを添えています。

CHECK! 【覚えたい用語】

樹脂…研究開発により人工的につくられたものと、樹木の液体が固まってできる松脂や漆などの天然のものと2通りある。人工的につくられたものを合成樹脂、樹液からつくられたものを天然樹脂と呼ぶ。

プラスチック…一般に「合成樹脂」とも呼ばれ、人工的に合成された樹脂という意味。天然樹脂は樹木から分泌される樹液が固まったもの。松脂（まつやに）、柿渋、漆などがその代表格。

海外うまれの金属

タフなもの、繊細なものなど、
金属のうつわといってもいろい
ろ。国や文化でそれぞれの発展
をしてきました。

金属器の歴史は紀元前までさかのぼり、古代では主に酒器などの儀式用として使われたといわれています。ルイ14世の時代には銀は権力の象徴とされ、凝った装飾が施されていました。ちなみに、銀が毒に反応するため、暗殺防止のために使われたという説も。19世紀に電気メッキが発明された以降から一般にも金属のうつわは普及します。

今では、耐久性にすぐれており、直接火にもかけられる琺瑯製のポットやステンレス製の食器、銀製のアンティークアイスクリームカップなど、金属の特性を生かしたうつわが使われています。

CHECK! 【覚えたい用語】

琺瑯（ほうろう）…金属の表面にガラス質の釉薬を焼きつけた複合材料で、耐久性や耐酸性などにすぐれている。手入れのしやすさや美しい色合い・光沢が長期間保たれることが特徴。「エナメルウェア」とも呼ばれている。

ステンレス…正式名称はステンレス鋼（こう）といい、それを短くしてステンレスと一般的に呼ぶ。成分は主に鉄で、そのほかは炭素やニッケル、クロムなどが含まれる合金。ステンレスのうつわはさびにくく丈夫。最近では直火可能なステンレス製のうつわもある。

このような素材のうつわも日常使いされているの?と驚くことも多いです。

海外うまれの
特徴的な素材のうつわ

　海外のうつわを学ぶ際に、避けて通れないうつわが、写真右上のウェッジウッドのジャスパーです。独特のマットな質感の下地はストーンウェア（炻器）。海外うまれのストーンウェアは釉薬をかけて焼くことが多いですが、ジャスパーはかけておらず独特な手触りです。

　カオリンを多用した写真左下のルザーンのニューボーンは、新素材でつくられており、磁器と陶器の中間のような丈夫さがあります。表面が硬く傷がつきにくいのが特徴です。大理石、ラバー素材など、普段うつわとしてあまりお目にかかれない素材もぜひ調べてみてください。

CHECK! 【覚えたい用語】

ストーンウェア…炻器（せっき）のこと。石のように硬い陶器という意味で、磁器のような透光性はなく素地は有色、液体が浸透しないように緻密に焼き締めている。

ラバー…ゴムのことで、原材料はさまざま。天然樹液からつくられるものや人工的につくられるものなどがある。ゴムは水を吸わないため、乾きも早く衛生的。またやわらかい素材なので安全性が高く、乳幼児のうつわとして使用されることもある。

CHECK!

和食器のサイズ   日本うまれ／海外うまれ 共通

和食器は昔ながらの寸（すん）と尺で大きさを表します。
1寸はおよそ3cm、1尺はおよそ30cmということを念頭に、和食器の大きさを把握しましょう。

皿

大皿	直径が8寸（約24cm）以上
中皿	直径が4〜8寸（約12〜24cm）
小皿	直径が4寸（約12cm）以下 ＊豆皿がここに含まれることも ＊小皿の一種に「手塩皿」4寸（約12cm）もあり。 「おてしょ」「てしお」ともいう
豆皿	直径が3寸（約9cm）以下

鉢・丼

大鉢	口径が6寸（約18cm）以上
中鉢	口径が4〜6寸（約12〜18cm）
小鉢	口径が4寸（約12cm）以下
皿鉢	口径1尺（約30cm）以上の浅い大鉢
丼	口径5寸（約15cm）以上の碗形の鉢 口径5寸以下を小丼と呼ぶ

小皿と大皿の比較

小皿　　　　　　大皿

小丼と丼の比較

小丼　　　　　　丼

皿のサイズ

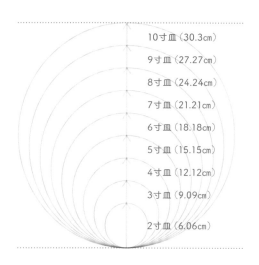

10寸皿（30.3cm）
9寸皿（27.27cm）
8寸皿（24.24cm）
7寸皿（21.21cm）
6寸皿（18.18cm）
5寸皿（15.15cm）
4寸皿（12.12cm）
3寸皿（9.09cm）
2寸皿（6.06cm）

鉢のサイズ

小鉢 直径12cm以下

中鉢 直径12〜18cm

大鉢 直径18cm以上

洋食器のサイズ

洋食器は用途別のうつわがあり、それぞれサイズが異なります。基本的なものについて確認しましょう。

名称	用途	サイズ
プラター	ローストビーフなど取り分けが必要な料理やメインディッシュに使用	直径36〜40cm
プレースプレート（アンダープレート、位置皿などの呼び方もある）	席に置かれる飾り皿。ディナー皿の下に敷くこともある	直径30〜32cm
ディナー皿	メインディッシュ用	直径25〜30cm
ミート皿	メインディッシュ、ピラフなどさまざまな料理に使用	直径23〜25cm
デザート皿	サラダ、デザート用。ライスや取り皿にも使用	直径約21cm
ケーキ皿	ケーキ・パン用。取り皿にも使用	直径約16.5〜18cm
パン皿	パン用。取り皿にも使用	直径約16cm
スープ皿	スープのほか、カレーやシチューにも使用	直径21〜24cmで深さがあるもの
シリアルボウル	シリアルのほか、サラダ、煮物にも使用	さまざまな大きさがある
サラダボウル	サラダ用の器。カレーやシチューにも使用	直径約13〜15cm
ベリー皿	フルーツ用。サラダの取り皿にも使用	さまざまな大きさがある
カップ＆ソーサー	紅茶、フレーバーティー、コーヒー用	容量は100〜200mlが主
マグカップ	取っ手のついたカップ。主にコーヒー、紅茶に使用	一般的には250〜400mlの容量
スフレカップ	スフレ、スポンジケーキ、オーブン料理に使用	直径7〜10cm

ケーキ皿とパン皿の比較

ケーキ皿　　　　パン皿

ケーキ皿、ミート皿、ディナー皿の比較

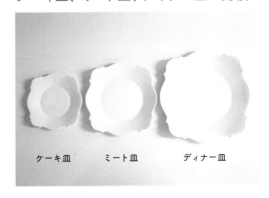

ケーキ皿　　　ミート皿　　　ディナー皿

CHECK !

ヨーロッパの特徴的な食器　　海外うまれのうつわ

世界的に有名な洋食器ブランドが集まるヨーロッパ。うつわのブランド名や窯元はこんなにあります。
どのような特徴があるのか、調べてみましょう。

01 ドイツ

ビレロイ＆ボッホ
マイセン
ローゼンタール
ナハトマン
ルートヴィヒスブルク
ニンフェンブルク
KPMベルリン
テレジアンタール
ドレスデンクリスタル
ロベ＆バーキング
クリストフ・ウィドマン
ヴェーエムエフ
ライヒェンバッハ

02 フランス

ジアン
レイノー
ベルナルド
アビランド
バカラ
ラリック
アスティエ・ド・ヴィラット
クリストフル
ル・クルーゼ
ジョルジュボワイエ
ジャメセニョール
オー・バン・マリー
サンルイ
クリスタル・ド・セーヴル
ピュイフォルカ
ラ・トゥール・ダルジャン
ジュヌヴィエーヴ・レチュ

フィリィップ・デズリエ
ロワイヤルドシャンパーニュ

03 デンマーク

ロイヤル コペンハーゲン
ジョージ ジェンセン
ヘイ
ホルムガード

04 スウェーデン

グスタフスベリ
ロールストランド
コスタボダ
オレフォス
スクルーフ

05 イギリス

ウェッジウッド
バーレイ
スポード
ミントン
ロイヤルドルトン
ロイヤルアルバート
ロイヤルウースター
ロイヤルクラウンダービー
エインズレイ
ロイヤルブライアリー
ガラード
マッピン＆ウェッブ
スージー・クーパー

06 オーストリア

リーデル
アウガルテン
ロブマイヤー

07 ハンガリー

ヘレンド

08 イタリア

ジノリ1735
タイツー
カルロモレッティ
フォルナセッティ
アレッシィ
エルコレ・モレッティ

09 ポルトガル

ヴィスタ・アレグレ
クチポール

10
フィンランド

アラビア
イッタラ
ヌータヤルヴィ

11
オランダ

ロイヤルデルフト
ロイヤル・ティヒラー・マッカム

12
ロシア

グジェリ

13
モナコ

マニュファクチュア・ド・モナコ

14
ベルギー

バルサンランベール

15
チェコ

モーゼル

16
ノルウェー

デビッド・アンデルセン

17
スペイン

サルガデロス

※表記は文献や公式ウェブサイトをもとにうつわ検定流にまとめました。

THEME: 収納 ✕ うつわ

お気に入りのうつわは、長く大切に使い続けたいもの。
どのように収納しておくかで、うつわの寿命や使いやすさは格段に上がります。
今日からできる、うつわに優しい収納方法を紹介します。

大切なうつわを出し入れしやすい収納ポイント

すっきりとした食器棚。たくさんのうつわを詰めず、余裕をもたせて収納すると、片づけやすく、とり出しやすくなります。

本部・東京自由が丘校の「見せる収納」

お気に入りのうつわはあえて見えるように。お皿立てが活躍します。

ティーカップとソーサーは、1セットずつではなくまとめてしまえばスペースを有効活用。

重ねすぎないように

ついうつわをたくさん重ねて収納したくなりますが、10枚などかなりたくさん重ねてしまうのは避けましょう。写真のように、棚内に重ね棚を設置したり、特に繊細なうつわの場合は間に布を挟んだりすると、大切なうつわもよりよい状態で保管ができます。

手前に低いうつわを

奥行きのある棚へ収納する場合は、手前には低いうつわ、奥側に高さのあるうつわを置くようにして、「一目で見える、動作はシンプル」を心がけましょう。カップなどを重ねて収納するときも、写真のように、手前のほうを低くすると奥に何があるかわかります。

グラスは上向きで収納する

グラス類は、口を上側に向け収納しましょう。下向き収納で密閉されると曇りの原因になり、水けがあると水あかでくすむことも。飲み口は薄くなめらかで繊細なので、下向きに置くことで割れや欠けの原因にもなってしまいますので、なるべく避けましょう。

photo:MANAGI ZENPUKU　text:CHIAKI AWAMURA, SHIZUKA NIHONYANAGI

4

うつわを
選ぶ、楽しむ

うつわの知識が深まってきたら
いよいよ、選び方を身につけましょう。
うつわ探しは、
むずかしく考えず、ぜひ楽しんで！

人気のうつわを使うのがかっこいい？
答えは「NO」。うつわ選びは
自分の好きを見つめなおすきっかけに

SNSの広がりで、お気に入りのうつわを使ったシーンを目にする機会が増えました。
そのためか「うちにあるうつわはパッとしなくて」という声をよく耳にします。

うつわは道具なので、食べ物を盛りつけ、それをおいしく食べることができればOK。
その一方で、お気に入りのうつわとなるには、
使うとワクワクするか、も条件に加わってきます。

単体で見るとどれも好きなのに、複数で使うときにまとまって見えないという場合、
そのうつわを使う部屋・場所にはマッチしているか、見渡してみてください。
住まいとうつわをフィットさせると、好きなうつわが見えてくるはずです。

ある60代のかたが、写真で見た美しいガラスの大皿に一目ぼれして、購入されました。
ところが、使ってみると大皿を使うほど家族の人数は多くないことに気づきます。
結局、小ぶりなガラス皿を買い足して日常使いにし、大皿は来客時に使うことに。

2つとも、そのかたにとってはそれぞれ大切なうつわになりました。
うつわは使う人の生活スタイルにフィットしているということも重要なのです。

今の時代のうつわ選び

うつわ選びに迷うのは

「気に入ったものがない」と思ってしまうのは、うつわそのものにワクワクする要素がない場合がほとんど。また、「新しいものや人気のものがよいのでは」と感じてしまうことも一因に。

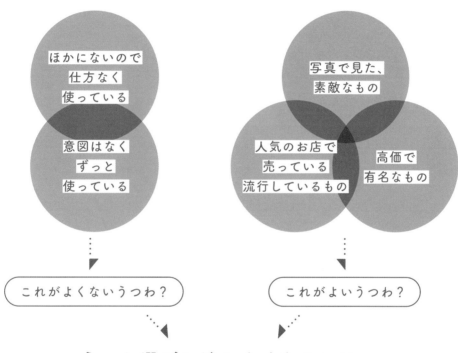

ほかにないので
仕方なく
使っている

意図はなく
ずっと
使っている

写真で見た、
素敵なもの

人気のお店で
売っている
流行しているもの

高価で
有名なもの

これがよくないうつわ？

これがよいうつわ？

うつわ選びに迷わなくなるには

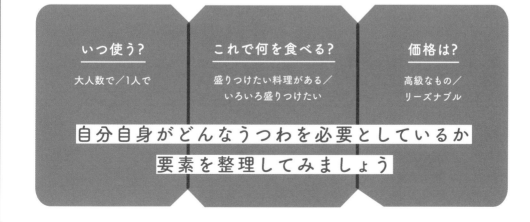

いつ使う？	これで何を食べる？	価格は？
大人数で／1人で	盛りつけたい料理がある／いろいろ盛りつけたい	高級なもの／リーズナブル

自分自身がどんなうつわを必要としているか
要素を整理してみましょう

LESSON 4

うつわ検定流
お気に入りに出合える、うつわの探し方

産地で選ぶ

自分がうまれ育った地域のものや、両親のうまれ育った地域のものなど、自身のルーツをひもときながらうつわを探してみるのはいかがでしょうか？ 地域のイベントとして開催されている陶器市に行き、うつわを選ぶのも楽しいですね。故郷のうつわでお気に入りが見つけられたら、愛着も湧きます。また、各地の陶器市などでのうつわ作家との交流も醍醐味の一つ。日本にはたくさんのうつわの産地があります。ぜひ足を運んでみてください。

文様で選ぶ

和食器の文様とは簡単にいうと図柄のことです。文様は古い由来をもつものが多く、意味を調べてみることもおすすめです。例えば、網目の文様は一見するとただ幾何学的に見えますが、同じ文様を繰り返すところから永遠に続くものとして古くから縁起がよいとされています。また、網は福をすくいとるとして商売の世界でも喜ばれています。気に入った文様を調べてコレクションしていくのも楽しいですよ。

素材で選ぶ

ライフステージに合わせて、選ぶうつわは変化するもの。例えば、1人暮らしを始める際に以前から使ってみたかった素材のうつわを選んだり、小さな子どもがいる家庭では割れにくい丈夫なうつわを選んだりすることも。うつわの重さも気になってくるかもしれません。うつわの素材を知ることで、自身の理想のうつわに出合いやすくなります。気に入って使っているうつわで、別の素材のうつわがあったら？と普段使わない素材に目を向けてみるのも発見があります。

たくさんのうつわがあふれる中で、私たちは今どのようにしてうつわを選んでいくのがよいのでしょうか？ うつわ検定流の探し方を紹介します。

CHECK! 【まとめてみよう】

自分ならどう選ぶか、6つの項目からとり入れたいポイントをノートなどに書き出し、考えてみましょう。

作家で選ぶ

昔と比べ、うつわ作家の作品を知る機会がずいぶん増えました。WEBサイトや、Instagramで新作を発表する作家も多くいます。またギャラリーなどで作家の個展も開催されています。お気に入りのうつわ作家を見つけたら、個展の日程を調べて出かけてみましょう。実際に目で見て触れることができますし、運がよければ作家本人と話ができることもありますよ。それもまた、うつわ探しの楽しみです。

思い出を重ねる

子どもの頃に使っていたうつわを見ると、当時のことを思い出すことがありますよね。日常的に使う1枚でも、思い出を重ねた大切なうつわになっていきます。また、旅先のうつわショップで見つけたもの、旅先の陶芸教室でつくったうつわなど、旅行の思い出とうつわを重ねるのもいいですね。

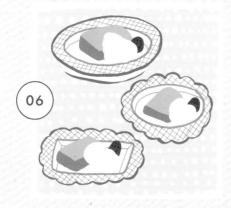

かたちで選ぶ

丸形だけでなく、四角、オーバル、ユニークなかたちと、うつわのかたちもいろいろあります。例えば都会的な雰囲気が好きな場合は直線的なものを。アンティークな雰囲気が好きな場合は曲線的なもの、かわいいものが好きな場合は花のかたちのものと、毎日使うお皿やマグカップもかたちを変えてみると新鮮な気分になり、愛着が湧いて長く使えるでしょう。

LESSON 4

店内の装飾から
カフェのうつわまで
ガラスで彩られた空間

このLessonで触れているように、どのような想いでうつわを選んでいくのかは、人によって違うと思います。私、二本柳が感じているのは、音楽や洋服選びとちょっと似ているということ。シーンや空間、気分によって選んだりすることはもちろん、大好きな人に影響されたり、思い出とリンクしたり。特に旅先では、自由気ままなうつわ選びが存分に楽しめますよ。

うつわ好きなら必ず訪れたい場所が「Sghr café Kujukuri」と「Sghr スガハラ ファクトリーショップ」。おしゃれで洗練されたグラスウェアが老若男女問わず絶大な人気なのです。美しい木々の中にたたずむカフェ、店のドアを引くと、その取っ手までガラスということに驚くかもしれません。

カフェでは、家族や友人がもし一緒だとしたら別々のメニューの選択をおすすめします。なぜなら、この

カフェでは料理を提供される食器がすべてSghrの美しいガラス製品で、使うシーンを想像しながら楽しめるからです。それぞれのメニューに合わせたガラスのうつわの使い方に毎回驚きます。

カフェを楽しんだ後は隣にあるショップへ。全国にあるSghr製品を扱うショップの中でも圧巻の商品数はもちろん、うつわ好きがここまで足を運ぶのにはちょっとした理由が。それは、職人の作品を展示しているコーナーがあり、職人の一点物の作品を購入することもできるからです。気になったものを手にするのもよし、カフェで感動したあのうつわを手にするのもよし。お店のかたに話しかけたり、おすすめのうつわを手にとってみたりしてもよいでしょう。

photo:KATSUE ZENPUKU text,sketch:SHIZUKA NIHONYANAGI

四角いグラス
色ワインディゴ"

きれいな
イエロー

ちょうちんみたいな
グラス

自由な組み合わせや、季節にとらわれない使い方を見て、学び、感じ、とても勉強になりました。

席について最初の驚きは、3人とも違うグラスで水を提供されたこと。すべて同じグラスで出されるのが普通だと思いますが、これが成立するのはやはりこだわりのグラスをそろえているからこそ。

写真手前左のうつわは友人からプレゼントされて持っていたうつわと同じもの。Sghr caféでも使われていて、うれしく思いました。

p.49で触れているように、酒器の世界では日々の研究開発で新しいものがうまれ続けています。上の写真の手前の3つは気に入って購入。かたちが違う理由が詳しく書かれたパンフレットもショップで入手でき、勉強になりました。

素敵！ 桐箱に入ったグラスセットも販売されていました。お酒好きの海外の友人の喜ぶ顔が浮かび、プレゼントは相手の喜ぶ笑顔を考えて選ぶべきと改めて思いました。

お店のかたに聞いてみないとわからないことはやはりある、と改めて感じたのがこちらのグラス。私には高級ワイングラスに見えましたが、良質の日本酒をよりおいしく飲むために研究開発されたグラスとのこと。デザインから飲み口の大きさにまで職人技が行き届いていました。

DATA

Sghr café Kujukuri
エスジーエイチアール カフェ
九十九里
千葉県山武郡九十九里町藤下797
Tel：0475-67-1020
営業時間：10:00〜18:00(L.O.17:30)
年末年始・不定休あり

Sghr スガハラ
ファクトリーショップ
千葉県山武郡九十九里町藤下797
Tel：0475-67-1021
営業時間：9:30〜17:30　年末年始・不定休あり

LESSON 4

フランスの蚤の市を訪れて

アンティークと
ブロカント、
その違いを感じて選ぶ

　私がヨーロッパのうつわを集めだしたのは、8年前からと、わりと最近のことになります。

　きっかけは、パリを訪れる数年前に近所にできた、某有名アパレルの大型旗艦店。パリ16区に住む女性の暮らし方をテーマに、1階にはパリ在住のフラワーデコレーターJun Hamamura先生がプロデュースするショップがあり、パリを感じられるお店です。デコレーションをマネてみようとうつわを買って並べてみますが、うまくいかず。思い立って1人パリに行ったのが、6年前。Jun先生にお花のレッスンを受け、現地で出合ったうつわを持ち帰りました。

　日本へ帰り、今まで集めたヨーロッパのうつわを並べてみたところ、ふと疑問が出てきました。うつわの雰囲気が同じフランス製でも全く違う。聞くと、100年以上前につくられたうつわが「アンティーク」、100年経過していない古道具が「ブロカント」だそう。今ではその違いが少しずつわかるようになりました。

　今回の旅では、パリ在住20年のJun先生に「蚤の市に行くならどこに行けばいいですか?」と聞き、「アンティークだったらパリ最大級の蚤の市のクリニャンクール、ブロカントだったらヴァンヴ」と教えてもらい、今回はクリニャンクールへ。店数の多さに圧倒されながら、「ボンジュール」とお店の中に入り、興味があるうつわのことを聞いてみました。

　驚いたのは、絵柄の人物が誰かを当てて楽しむためのうつわがあること。店主のかたが「裏を見てごらん、そこに答えが書いてあるよ!」と。100年以上も前に、このようなうつわを使ったゲームがあったなんて。これだから実際に来て話してみないとうつわの見聞は広がりません。今回クリニャンクールで、日本人のかたが始めたお店にも出合えました。今日本で人気があるサルグミンヌのうつわや、ブロカントのビストログラスなどが所狭しと並んでいました。また次回、ゆっくりと訪れたいです。

photo:MICHIRU NAKAYAMA text,sketch:SHIZUKA NIHONYANAGI

アンティークとブロカント
のうつわ。目で見て触れる
ことで、それぞれのよさも
歴史的な重みも感じました。
時間の流れに思いを馳せな
がら、自宅で使っています。

左のページでも触れているようにアンティー
クとは100年以上前につくられたもの。今回
は、クリニャンクールの中でも、きれいにディ
スプレイをして大切にアンティークの品々
を取り扱っているマダムのお店で、ティース
プーン6本セットを購入しました。

ドールハウス
の 小さなうつわ

テーブル卓でちょっとしたゲームに使われるというお皿。クイズ
がお皿に書かれていて、裏を返すとその答えがありました。12
枚セットですべて違うクイズが書かれています。店主いわく「な
かなかこんなに枚数がそろって出てくることはないんだ！」。

蚤の市の中にあるドールハウス専門店。気になってのぞくと、陶
器でできた小さなうつわを発見♪ 「お人形さんのディナープレ
ート」だそう。日本のお寿司を食べるときに使うしょうゆを入れ
る皿と同じサイズくらいです、と話に花が咲きました。

下の写真は、ブロカントの中でも特に人
気があるビストログラスです。ビストロ
グラスとはフランスのビストロで見かけ
る多用途なグラスのこと。高さ10cmに
も満たない厚手のもので、手吹きでつく
られているガラスの表情が素敵なグラス
です。アンティークのものからブロカン
トのものまであります。

パリ市内の蚤の市

クリニャンクール／
サントゥアンの蚤の市
（Marché aux
Puces de
Saint-Ouen）

ヴァンヴの蚤の市
（Marché aux
Puces de
Vanves）

日本で特に人気がある、1700年代に創
業されたSarreguemines（サルグミン
ヌ）のアンティークのうつわ。今回もた
くさん出合うことができました。薄手で
軽くクラシカルな花のデザインなど優し
さに包まれたうつわの雰囲気が、私たち
を魅了します。

＊開催日や営業時間はご確認ください

LESSON 4

沖縄の焼き物　やちむんの里で

生活を支える
うつわをつくり続ける
窯元の親方に話を伺う

　この書籍のタイトルにもなった〝今の時代のうつわ〟に応えるよう、何か新しい発見をしたいと企画したのが窯元を訪れる旅でした。私にとって、以前暮らしていた沖縄はゆかりのある場所。その沖縄の焼き物の魅力をもっと知りたかったこともあり、行き先は沖縄本島中部に位置する読谷村（よみたんそん）「やちむんの里」に。特別に取材をさせてもらいました。

　やちむん界隈では伝説的人物でいらっしゃる松田米司親方、松田共司親方、宮城正享親方、與那原正守親方の4名共同で、1992年に1つの窯をつくられました。「誰が偉いとかはなく、平等が大前提。私たちのものづくりは、土に触れ、その土に合った焼き物をつくる

こと。自然に対してこちらが合わせてものづくりをしているんだよ。やちむんのつくり手はみんな生活を支える道具をつくりたいと思っている」と松田米司親方。

　窯の中に案内してくださいましたが、この日はちょうど修繕作業という貴重な場面を拝見することができました。圧倒的に偉大な光景の登り窯を見て「この窯を親方たちがつくられたということでしょうか？」という私の拙い質問に、「この窯まで坂を下ってきたでしょう。普通、上ったところに窯はあるよね。ここは下っているから雨水が入ると大変だと反対されたんだけどね」と親方たち。この広い敷地内にたくさんの若いかたが働いており、親方たちがこんなにも大きな窯を仲間と協力してつくるぞと思った当時の意気込みが、今でも伝わってくるようでした。

　敷地内の一角には、これからうつわになる土がきれいに並べられています。親方が「地球から土をもらってうつわをつくっているんだよ」とおっしゃる横顔に、この窯元を訪ねて最初に親方から伺った「皆平等」を改めて感じます。親方たちのつくったうつわが並ぶ、北窯共同売店は「どのやちむんも素敵で迷っちゃう」と笑顔のお客さまでいっぱい、私もその一人でした。

photo:NAOHIRO UEHARA　text,sketch:SHIZUKA NIHONYANAGI

MEMORY

今回の旅で、人生の道しるべとなるようなたくさんの言葉を親方からいただきました。みんなの地球の土でできている、そんな愛すべきうつわ。なかでもやちむんは、私たちの生活を支えてくれる愛らしい道具として、全国的に人気です。

親方がやちむんをつくりながら「本土のろくろと回転の向きが違うんだよ」と教えてくれました。沖縄のやちむんはろくろを左回転で回してつくり、本土のろくろは右回転で回すことが多いそうです。

本書の裏表紙には北窯のやちむんのカップ＆ソーサーを。取材の日、共同売店で旅の思い出に買ったもので、取っ手の向きを右か左かで迷ったので、あえて下向きにしてみました。私のちょっとしたシグネチャーです。

この北窯には全国各地から職人になりたいかたが、次々と訪れるそうです。一人前になるまで修業10年。職人の世界はどの業種も皆一緒だなと思いながら、親方のつくったうつわを眺めました。

上／うつわが日向ぼっこをしているよう。沖縄の太陽をたくさん吸収してでき上がる北窯のやちむん。幸せだな、と感じるうつわです。下／うつわになる土がきれいに並べられ、天日で乾燥させられています。これもうつわづくりの大事な工程。焼き物は土からできていることを改めて感じた光景でした。

DATA　読谷山焼北窯共同売店
住所：沖縄県中頭郡読谷村座喜味26
53-1　営業時間：9：30〜13：00、
14：00〜17：30　＊不定休

※窯の中は読谷村の協力により、特別に取材させていただきました。

うつわに関するQ&A

こんなときはどうしたらいいの？という、うつわについての疑問……、
TWSAの講師たちのアドバイスをぜひ参考にしてください。

1 ── どのようなうつわなら、食洗機を使っていいの？

技術が進化し、食洗機を使えるうつわもたくさんあります。お店のかたに聞くか、使用可能な表示がついている商品もあるのでチェックしてみましょう。ご自身のライフスタイルに合ったうつわを使うのがストレスもなくおすすめです。
二本柳

食洗機を使う生活をされているかたなら、対応するものでお気に入りのうつわを探すほうが、ストレスがありません。漆器、極薄のグラス、ひのきや杉などのうつわは食洗機は使えないので、特別な日用のうつわとしてとらえましょう。
念治

おもてなし用のうつわやいただき物など、大切なものは手洗いしていますが、日常用には食洗機可のものを使っています。食洗機が使えるものも、万が一壊れてしまった場合に、買い足しができるものかどうかも重要なポイントです。
藤原

2 ── 枚数のそろっていたお皿が2枚割れてしまって中途半端な枚数に。どうしたら？

同じものが買い足せない場合は、同じメーカーの中でテイストが似ているものを選んでみるのも解決策の一つです。もしくは全く違うメーカーで同色のものを組み合わせるのも面白いかと思います。吉川

デザイン違いや色違いを楽しむチャンス。バラバラでも色と大きさがそろっていれば統一感がうまれます。またそれをどのように組み合わせて使うか、考える楽しさもありますね。Mari

よく使うお皿を新たに購入するならば、買い足しができる、そのブランドの定番品をおすすめします。こだわりのお皿が割れてしまった場合は、金継ぎなどをするとさらに愛着が湧きます。
二本柳

TWSAの講師たち ······

青森・横浜校／
吉川

大阪豊中校／三井

東京自由が丘校／
二本柳

3 — 新しくうつわをそろえたいけれど、一気には買えない。何から買うとよい?

よくつくる料理を一度書き出してみると、どんなうつわが必要なのか見えてくるかもしれません。それを踏まえて、色、かたち、汎用性の観点から、どのようなものがよいか検討します。こうすると、3つをかねそなえた、お気に入りのうつわに出合えると思います。藤原

個性的なかたちや柄のものをとり入れたい場合、まずは大皿を1枚購入して楽しむとよいと思います。数枚(数個)単位でそろえるなら、小鉢と丼の中間くらいの大きさのものを選ぶと応用がきいてよいですよ。吉川

ゆっくり一つ一つこだわって買い足していくこともまた楽しみとなります。一番使いそうなサイズはその人のライフスタイルによって異なるので確認してみましょう。また、食器棚や食器を置くスペースに収まる大きさのものを選ぶことも大切です。二本柳

4 — 知人にうつわをプレゼントしたい。プロならどう選びますか?

プレゼントを贈るかたのパーソナリティーをよく知る仲でしたら、どんなものが好きかリサーチをすることから始めてみるのも楽しいですね。何かヒントがもらえるかもしれません。佐藤

例えば、結婚祝いに贈るうつわなら、自分ではなかなか買うのをためらってしまうような高価なものや、2人にとってよき思い出の象徴になっていくような特別なものを選んではいかがでしょうか? 三井

そのかたがどんなシーンで使いそうか考えて、選んでみるとよいのではないでしょうか? そして、どうしてこれを選んだのか、そのエピソードも伝えると、うつわの魅力が一層増したプレゼントになると思います。Mari

札幌・函館校／
藤原

大阪校／念治

名古屋校／
Mari

福島・仙台校／佐藤

THEME: 和菓子 ✕ うつわ

スイーツを食べるときは、うつわ選びも楽しみの一つ。
特に、四季折々の美しいかたち・色と奥深い味わいのある和菓子は、うつわとの組み合わせが
重要です。和菓子がさらに引き立つ、小物との合わせ方も紹介します。

絵柄や色使いを意識すると、
和菓子がより引き立つ

日本の美しい四季が表現されている上生菓子。同様に、う
つわにも美しい絵柄が描かれているものがあります。上生
菓子と和食器の絵柄の組み合わせは、お互いを引き立て合
うことが大切。うつわの絵柄の季節を感じながら、季節の
和菓子との組み合わせをぜひ楽しんでみてください。左か
ら、染付のうつわ、九谷焼のうつわ、古伊万里のうつわ。

黒文字にも種類が。
うつわに合わせて選んで

和菓子用の楊枝として親しまれる黒文字。主に茶事、茶懐
石で菓子に添えて出される楊枝です。茶道では流派によっ
て黒文字の長さが決まっていることもありますが、うつわ
のサイズに合わせた黒文字を選ぶのが美しくたしなむコツ
です。最近は金属製などバリエーションも増えて豊かに。
天然木の黒文字は、使う前に水に浸し、布で軽く拭うと、
色や香りが引き立ち、餡などがつきにくくなります。写真
は上から、一般的な黒文字（クスノキ科の木製）、日本のカ
トラリーメーカーが販売している金属製のもの。

懐紙の図柄もアクセントに

一般的な読み方は「かいし」ですが、「ふところがみ」と
読むこともあります。時代劇でも着物の襟元に懐紙がはさ
んであることが多いので、見たことがあるかたも多いので
はないでしょうか。懐紙は現在でも茶道のときや懐石料理
を食べるときに使用します。今では茶道のイメージが強い
ですが、季節をモチーフとしたかわいらしい懐紙がたくさ
ん発売されていますので、うつわと合わせるのを楽しんで
みてはいかがでしょうか？

懐紙の折り方

シンプルに2つ折りにするほか、
慶事用で使う場合は、左の角が
右の角より高くなるようにずら
して折ります。反対に、右の角
が左の角より高くなるようにず
らして折るのは、弔事用です。

シンプルに2つに折る

慶事用

弔事用

photo:MANAGI ZENPUKU   text:SHIZUKA NIHONYANAGI

うつわ検定®を
リリースしたTWSAが
取り組んでいる
仕事とスタイリングの
学校について紹介します。

WORK & SCHOOL

うつわを知る楽しさを、
多くの人に伝えたい

日本初のうつわのスタイリングの学校をスタート。
技術を惜しみなくシェアし、多くのプロを輩出

　多くの人気広告・CMの撮影でスタイリングを手が
けている二本柳さん。スタイリストの活動とともに、
スタイリングの学校の校長も務めています。

　スタイリストとしてのスタートは、自身がプロデュ
ースした和菓子ブランドの撮影スタイリングやディス
プレイ。「どう並べたら世界観が伝わり、おいしそう
なビジュアルになるのか。知識と経験が必要だと考え、
うつわやテーブルデザインを教える第一人者・松尾洋
子先生の学校に入学。デザインやディスプレイの学校
にも並行して通いました」。3年半の修業期間を経て
デビューし、持ち前のセンスのよさと的確な判断が評
判を呼び、続々とオファーが。そして、自身のテーブ
ルスタイリングスクールも開校すると、キャンセル待
ちが出るほどの人気に。

カッコよいだけではない
知識があるからこそのスタイリングを

　あるとき、スクールの生徒から、「どうしたら私も、
先生のようなスタイリストになれますか?」と尋ねら
れたのが、現在のTWSA設立のきっかけに。「うつわ
やテーブルのスタイリングの仕事は、師匠についてワ
ザを吸収する師弟制度が強く残っていた世界でした。
私は、20代前半の雑誌編集者時代にカメラマンから
細かく指導してもらったことに、師匠の松尾先生に教
えていただいた知識を合わせてスタイリングのプロセ
スをつくっていたので、このメソッドが皆さんの役に
立つのなら、ぜひにと」。これをきっかけに、見た目
だけおしゃれなうつわを選んだスタイリングではなく、
「なぜこのうつわなのか」を強く打ち出せる知識を学
べる学校がスタートします。

実家の和菓子店で触れてきた
季節と伝統に沿った装飾やうつわ使い

　二本柳さんは実家の和菓子店の商品づくりや装飾を、
祖父の代から厳しく丁寧に教わってきました。「和菓
子は合わせるうつわ次第で生きる、というのは祖父の
言葉。日々うつわ選びの大切さを体感してきました」。
プロデュースした和菓子は、それまでの「和菓子には
和食器」という常識をくつがえしたもの。フランスの
洋食器と和菓子という、斬新なスタイリングも、うつ

わがわかる二本柳さんが手がけたからこそ、大成功の
ビジュアルとなったのです。

学術的ではなく生活に役立つ
そんなうつわの知識をまとめたかった

　現在の仕事は、展示会や店舗のディスプレイだけで
なく、ホテルやレストランのうつわ選びもするなど多
岐にわたります。「TWSAを卒業して第一線で活躍す
るスタイリストも増えており、もっとうつわの専門知
識を身につけたいというリクエストがありました。な
らば、と独立させて検定方式にしたのが、今回書籍と
ともにリリースするうつわ検定です」。プロとしてう
つわに関わる人たちだけでなく、毎日家でうつわを使
っている、多くの人たちにも届くようにと願っていま
す。「私は学術的にうつわのことに詳しいわけではな
いのですが、今のうつわ選びや、うつわをつくってい
るかたちの思いや商品などには第一線で触れていま
す。この検定を通して、うつわ選び、毎日の食事、そ
して人生そのものも幸せになっていただけたらうれし
いです」。そして、うつわ検定に将来的にはレベルア
ップしたコースも加えたいと考えていると言います。
「うつわに関連するお仕事のかたたちに、さらにいろ
いろと教えていただき、常に『今の時代のうつわ』を
知ることができる。そんな役立つ検定に、これから皆
さんの力を借りて成長させたいです」。

photo:GYO TERAUCHI text:YOKO NIIZATO

にほんやなぎ・しずか
二本柳志津香

プロップススタイリスト・VMD・商業空間プロデューサー。
商品装飾展示技能士。2014年、日本で最初にできた食器の
スタイリング資格「テーブルウェアスタイリスト®」を育てる
TWSA代表。現在、日本全国、世界7カ国に2100人以上の受
講生がいる。Instagram　@nippon.shizuka

WORK

うつわ検定をリリースしたTWSAの主な仕事内容

VMD（ビジュアル マーチャンダイザー）

メーカーや商社の商談会場や見本市の企業ブース装飾、百貨店や店舗、ショールームなどの会場装飾やディスプレイ業務を多数行っています。空間施工のデザイン監修から携わり、食器のセレクトや売り上げなどの成果向上につながる装飾を手がけています（TWSAの学校ではVMDの授業を設けており、店舗や企業のディスプレイを手がけるための生きた知識とメソッドを一から学んでいただけます）。

株式会社二ノ宮クリスタル　ホテルレストランショー商談ブース全体装飾

PROPS STYLING

広告・CM撮影・カタログなどのプロップススタイリング（小物やインテリアを中心としたスタイリング）。年間を通して大小80件以上の広告撮影でプロップススタイリングを手がけています。TWSAのグループ会社でスタイリスト所属事務所でもある空間スタイリング社に所属するスタイリストたちが活躍しています（TWSAのスクール生はアシスタントとして携わりながら現場で学ぶ制度があります）。

上／JR東日本クロスステーションウォータービジネスカンパニー公式ECサイト（代理店・株式会社エムフロ）。撮影スタイリングを担当　左／京王プラザホテルの広告撮影の様子

MEDIA

食器のスタイリストや食器研究家としてメディアに出演。これまで多数の出演依頼があり、代表の二本柳をはじめ多数のスクール卒業生が全国民放のテレビ番組や新聞、ラジオ、WEBメディアなどに出演しています。また、食器の専門家として、テレビ番組などのうつわに関するクイズ問題の作成や監修、コラムの執筆なども行っています。

TWSA代表・二本柳が商品選びを監修した、ふるさとチョイスWEBページ

SCHOOL

Tablewarestylist CLASS

テーブルウェアスタイリスト®の資格は、2014年に日本で初めて食器に特化した専門スキルを学ぶ資格として誕生しました。2023年現在は日本国内だけでなく世界7カ国にこの講座を受講した訪日外国人がいます。"食やうつわの組み合わせ""菓子とうつわの組み合わせ"を研究してスタイリングし、発信するプロフェッショナルを認定する制度です。当団体で認定した多数のテーブルウェアスタイリスト®が雑誌や広告の現場、企業で

プロのスタイリストとして活躍中です。また、趣味で講座を受講されているかたの中にはうつわ関連のコンテスト入賞者もいます。さらに、昨今ではさまざまなライフスタイル系の事業を展開する企業の研修で、本講座のカリキュラムを受講していただいています。本部のほか、北は北海道、南は大阪まで各支部で受講でき、支部がない地方では2021年より(株)日本ヴォーグ社の通信講座「CRAFTING」にて受講できるようになりました。

プロフェッショナル
テーブルウェアスタイリスト
テーブルウェアスタイリスト連合会認定講師
講師会在籍　テーブルウェアスタイリスト

シルバー
テーブルウェアスタイリスト

ブロンズ
テーブルウェアスタイリスト

ジュニア
テーブルウェアスタイリスト

レッスンは基本を学ぶジュニアクラスからスタート。最終試験に合格すると、次のステップへ進める仕組みです。うつわの知識が豊富な専門家＝テーブルウェアスタイリスト®として、さまざまなチャンスが広がっていきます。食器好きの"好き"を発信し、仕事につなげていきましょう(仕事例：食に関する企業などでの食に合わせるうつわや食卓シーンの提案セミナー、食器に関わる習い事でのうつわの専門的なアドバイス、旅行などで海外から来日されるかたへのうつわ専門店やうつわ問屋街巡りなど、日本のうつわ観光ご案内、食器売り場でのディスプレイやスタイリング提案、うつわや食関連のライター活動、メディア、食器メーカーにお勤めのかたへのアドバイザーとして活躍など)。

テーブルウェアスタイリスト®は当団体の登録商標です。当団体の事業に類似あるいは同等と解釈できるような他社における事業やサービス、肩書としての無断使用は不可となっております。

Props Styling CLASS

代表の二本柳は、広告代理店や広告デザイン会社から「表面的ではなく、商品や伝えたいことを想像以上に引き出してくれるプロップススタイリストは初めて見ました」とおっしゃっていただくことも多く、「弊社のデザイナー向けに、技術の研修を行ってほしい」との声もいただき、始めたのがこの講座です。二本柳が20代の頃、美容雑誌の編集部員時代にカメラマンのかたと現場で試行錯誤していく中で学び得たプロップススタイリングの技術をもとにつくり上げたメソッドです。こ

の10年間、食器や食卓空間のスタイリング撮影に力を入れてきた弊社が、カメラマン向けやデザイナー向けにコスメティック撮影やドリンク撮影のプロップススタイリング研修を行ったことをきっかけに、カリキュラムを構築。現在はこれからプロップススタイリストを目指すかたはもちろん、すでに活躍する全国のカメラマンやスタイリストの皆さまも多く参加され、プロのプロップススタイリストを多く輩出しています。

＊オンライン講座と対面講座があります

MY FAVORITE
UTSUWA

TWSAを卒業したうつわ好きの皆さんに、
お気に入りのうつわ&エピソードを聞きました。
うつわ選びの視点をぜひ参考にしてください。

佐々木愛生

キッチン&ダイニング商材の専門商社にて販促企画や店舗開発など、商空間に関わる仕事に携わっている。

NO_ 01

厚みのある素材感とブルーのラインがレトロっぽく、サイズ的に使い勝手がよいのでワンプレートで使っています。リムがあるのでパスタなどのソースがある料理もこぼれずに安心。デリバリーしたバーガーも、このお皿に盛りつけるだけでアメリカンダイナーっぽくもなり、とても重宝しています。

ヴィンテージショップで買った26cmのオーバルプレート

デュラレックス
サファイアブルーのボウル（Φ10cm）

日が差したときのブルーの影がとても素敵なので、朝食によく使います。素材がもつクリアな質感がサラダやフルーツ、ヨーグルトと相性がよく、サファイアブルーがビタミンカラーを引き立ててくれます。小物入れにしてもちょうどよいサイズ感です。

村上祐仁さんの浅鉢

ヘンリー・チョウ

都内の外資系ホテルのマーケティング・広報を担当。ブランディング、サービス、商品などのプロモーション戦略を統括している。

NO_ 02

もともと白い器が好きですが、このうつわには出合った瞬間に一目ぼれでした。村上祐仁さんの浅鉢は、ミニマルでシャープなかたちはもちろん魅力的ですが、その光が透き通るような薄さと軽さもすごく使いやすいです。食器として、サラダやパスタなどほぼ何でも合いますし、花器として使ってもすごく素敵です。

スエトシヒロさんのホヤポット（ティーポット）

お茶が大好きで、マットな白いティーポットを探している中で出合いました。やわらかな質感の白に温かみがある丸いかたちがかわいらしい。注ぎ口が細く水切れもすぐれているので、お茶を注ぐときにきれいなカーブができて、とても心地よいです。

粉引き抹茶碗

高台が高めのデザインのところ、雪の結晶の模様がかわいく、雪だるまのかたちに穴抜きされているところも気に入っています。サイズも少し小さめで手の中に収まり使いやすく、お抹茶をたててこの抹茶碗で一服いただいています。

ウェッジウッド
ハンティングシーンの
ティーカップ＆ソーサー

かわいい絵柄で動きのある描写が楽しく、飽きずに眺めながらお茶の時間を楽しんでいます。ハンティングシーンの絵柄は楽しげですが、大人っぽい雰囲気もあり、そこも気に入っています。

藤本唯南

小学生の頃テーブルウェアスタイリストの資格を取得し、テレビ番組「サンドウィッチマン＆芦田愛菜の博士ちゃん」に出演。現在中学生。

NO_ 03

アンティークの金属食器のような質感や風合いがとにかく素敵で、どんな料理をのせても渋くカッコよく決まるところがお気に入りです。使うほどに経年変化を楽しめる点も愛着が湧きます。耐熱温度も240度までOKなストーンウェアは、強度が高く、手頃なサイズ感で日常使いしやすいのも魅力的です。

Ancient Potteryの
Oval Plate Brass

土肥愛子

フードスタイリスト。雑誌や書籍・企業広告などで調理やスタイリングに携わる。管理栄養士の資格を生かし、レシピ制作やコラムの執筆なども行う。

NO_ 04

woodpeckerの
山桜の
カッティングボード

1枚板で切り出された国産の山桜の木からつくられている、繊細な木目となめらかな質感が美しいアイテムです。持ち手や縁取りなど、デコラティブなデザインも素敵で、パンやチーズなどシンプルな料理をのせてもさまになります。長く使うことができ、機能性が高いのも魅力の一つです。

和風ケーキスタンドは、お店の限定メニュー用に採用したうつわです。「和と洋の融合」「常識にとらわれない」という観点で選定し、今回は「ケーキスタンド」と「漆器風の丸盆」を組み合わせました。

象印食堂の
和風ケーキスタンド

象印食堂のお茶碗

3種類のご飯を提供する象印食堂では、すべてのご飯をお召し上がりいただけるよう、1膳を通常の「お茶碗1杯」の半分程度にしています。少量のご飯を一般的なお茶碗によそうと、埋もれて見えなくなってしまうため、この量のご飯でもきれいにおいしそうに見えるよう、店舗用として厚みや色も特注でつくってもらいました。

北村充子

象印マホービン株式会社で飲食事業の管理・運営に従事。うつわの選定からフードコーディネートまで行っている。

NO_ 05

竹之内博子
食空間や商品広告撮影のスタイリスト、グラフィックデザイナー。テーブルスタイリングのディレクションを担当。

NO_

06

竹細工の豆かご

竹の産地としても知られる大分県別府市の竹細工メーカーさんの製品です。直径約13cmとかわいいサイズで、懐紙を敷いておかきを入れたり、そのまま個装のお菓子を入れたりして愛用しています。日本茶をいただく際など、茶器や湯呑とセットで並べると手軽に和の雰囲気が楽しめます。

福西惣兵衛商店re-veシリーズのデザートカップ

会津塗のなめらかな質感に、コロンとしたフォルム、漆器に珍しいマカロンのようなカラーがかわいく気に入っています。手に収まる小ぶりなサイズで、ナッツやアイスクリーム、わらび餅など和洋問わずに愛用しています。内側の塗りが上品なマットゴールドなのもポイントです。

陶器市で購入したマグカップ

温かみのある色みと質感でありながら、直線的でスタイリッシュなフォルムと取っ手のかわいらしいカーブ具合がポイント。仕事中にほっと一息つきたいときのお供として、いつもそばに置いています。

Figgjoのアンティークバードプレート

5匹の鳥のイラストに妙に心惹かれて、蚤の市で初めてお迎えしました。色使いが特徴的なFiggjoの中でも、シンプルな線で描かれた珍しいデザイン。このプレートを使うときはストーリーを決めるのがマイルール。今回は、Figgjoの拠点地ノルウェーの名産、サーモンを使ったメニューにしました。何げない食事にも楽しみをプラスしてくれて、使うたびにワクワクします。

錦織理恵
プロップススタイリスト、輸入雑貨MD。商品広告撮影スタイリングのほか、マーケティング・バイヤー・PR企画などを担当。

NO_

07

黒澤恵利
テーブルウェアを主に扱う専門商社の広報。自社商品のカタログ撮影・仕様イメージシーン撮影などを手がけている。

NO_

08

BLANC D'IVOIRE ANAIS Plate

元ファッションデザイナーのMonique Fischer氏が立ち上げたインテリアブランド「ブランディボワール」のプレート。ハンドメイドであるからこその味わいと、繊細なレース模様は何をのせても華やかになります。エレガントな印象で、クラシックで飽きることのないデザインがお気に入りです。

Luzerne MARBLE Bowl

マーブルという名前のとおり、大理石のような質感で1つずつ模様が違う個性的なデザインがお気に入り。どんなシーンにもマッチしてくれて、お料理を引き立ててくれます。このボウルはサイズ感もちょうどよく、重宝しています。

遠藤薫さんのうつわ

アンティークのようなリムのデザイン。テーブルにあるだけで絵になるたたずまいが気に入っています。和食からデザートまで幅広く使えるのも好きなポイントです。

益子の「yashiro窯」

菱形のうつわは、縦にも横にも使える使い勝手のよさが魅力。幅が狭いため、ほかのうつわのすき間に並べることができ、コーディネートのアクセントにもなります。収納スペースをとらないので複数枚持っています。

栗村千晶
うつわライター。うつわの活用法やお手入れ方法、収納のコツ、ショップ情報などうつわ全般について執筆している。

NO_

09

職人が手作業で制作している信楽焼のプレート。手触りといい、見た目といいマットで非常に格好よく、和食、洋食問わずどのような料理でも映える一枚です。長い歴史で培われてきた成形方法を生かしつつ、現代にマッチするデザインです。

HARVESTのSHIRO KURO HEKI
21CM PLATE KURO

ディナータイムにて
家でのディナーで、パスタを盛りつけてみました。信楽焼のプレートの質感は、光の当たり方で表情も異なります。それも味わいの一つ。

関本健太郎
インテリアコーディネーター。物件の照明、ウィンドウトリートメント、家具・雑貨などの提案やインテリアスタイリングを行う。

NO_ **10**

石井杏奈
一級建築士・インテリアコーディネーター。ホテルの企画開発、インテリアディレクションを担当。空間撮影やグッズのプロップススタイリングも担当。

NO_ **11**

薩摩焼 tukinomusi
薩摩焼を変化させた新しいスタイルのお皿です。伝統を尊重しながら、新しいことにチャレンジしているコンセプトに惹かれました。内側は微細で美しいひび模様（貫入）が広がり、縁の部分はErosionPatternというテクスチャーが施されています。和のコーディネートにもモダンなインテリアにもなじむお皿です。

Villeroy & Bochのボストンワイングラス

クラシカルなダイヤモンドカットが美しく、陰影がとてもきれいなところがお気に入りです。ワイングラスとして使うだけではなく、ショートステムなのでアイスクリームやデザートなどにも使えます。

NJRDのLinesコレクション

直線と曲線のみで構成された、波佐見焼の魅力が詰まっているうつわに一目ぼれしました。天然の天草陶石からつくられる磁器の原材料に陶土を混ぜた半磁器というシリーズで、シャープさの中に温かみも感じられ、触れたときのザラッとした感覚にも味わい深さを感じています。経年変化の過程を楽しめるという部分もお気に入りです。

HASAMI PORCELAINのプレート・ボウル

池 ももこ
企業SNSの写真撮影を、イメージ提案からスタイリング・撮影まで一貫したビジュアルマーケティングサポートで行う。

縁のボーダー部分のみマットな加工が施されているデザイン性の高さと、すぐれた機能性で普段使いできるところがポイント。シンプルな形状ながらも食事からスイーツまで、幅広く使えるところも魅力的です。

NO_ **12**

うつわの専門家への道
あなたはどのタイプが向いている?

うつわに詳しくなったら、いろいろな道で生かすことができます。
うつわ検定流のYES×NOシートで、向いている道をジャッジ! ぜひ参考にしてくださいね。

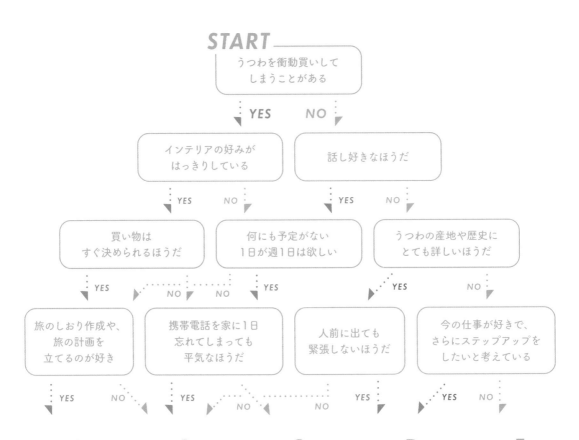

START

うつわを衝動買いして
しまうことがある

YES　　　NO

インテリアの好みが
はっきりしている

話し好きなほうだ

YES　NO

YES　NO

買い物は
すぐ決められるほうだ

何にも予定がない
1日が週1日は欲しい

うつわの産地や歴史に
とても詳しいほうだ

YES　NO　NO　YES　YES　NO

旅のしおり作成や、
旅の計画を
立てるのが好き

携帯電話を家に1日
忘れてしまっても
平気なほうだ

人前に出ても
緊張しないほうだ

今の仕事が好きで、
さらにステップアップを
したいと考えている

YES　NO　YES　NO　NO　YES　YES　NO

タイプ ▶ A
独立・起業

うつわ関連のスタイリスト・うつわのお店開業・古物商・うつわのアテンダーとしてホテルやブライダル施設に食器を販売

タイプ ▶ B
専門家として
自由な働き方

うつわの専門家としてメディア活動・うつわ専門のライター・うつわの産地での販売やガイド

タイプ ▶ C
講師

専門学校でうつわの配膳やスタイリングを指導・うつわの知識のセミナー・カルチャーセンターでの講師・オンラインスクール講師

タイプ ▶ D
今の仕事の
プラスに

うつわ使いが参考になると評判の料理教室や紅茶教室・住宅メーカーのモデルルームのデコレーター・レストラン経営・メーカーの新規事業

タイプ ▶ E
転職・新たな
自分の道へ挑戦

本書で学んだことが何かのきっかけに。学んだことを生かせる道はいろいろ。(例: キッチンメーカー・食器売り場・食器輸入商社)

うつわ検定出題例

問題1

ステムグラスの別の呼び方を何といいますか？

A ロンググラス　B ステムウェア　C アイウェア

問題2

信楽焼の産地である信楽はどこの県にありますか？

A 愛知県　B 滋賀県　C 岐阜県

問題3

九谷焼は大胆なデザインと華やかな色彩が魅力です。
古九谷に使われる色はどのような色でしょうか？

A 赤・緑・青の「光の三原色」

B 緑・紫・紺青・黄・赤の「五彩」

C 水墨画を思わせる「墨」

問題4

うつわの矢印の部分を何といいますか？

問題5

原材料の違いにより、磁器の素地は白いものが多いの
に対し、陶器は豊富な色合いが特徴です。その陶器に
主に使われる原材料は何でしょうか？

A カオリン　B 骨灰　C 陶土

問題6

うつわの大きさで3寸とは約何cmのことでしょうか？

A 約12cm　B 約9cm　C 約15cm

問題7

和菓子を食べるときに使うものについて、合っている
のは次のうちどれですか？

A ナイフ　B 黒箸　C 黒文字

問題8

電子レンジで使用してはいけないうつわはどれでしょ
うか？

A 金や銀の絵付けのうつわ　B 磁器　C グラタン皿

問題9

うつわの矢印の部分を何といいますか？

問題10

ケーキ皿の大きさは以下のうちどれですか？

A 約16.5〜18cm　B 約25cm　C 約13cm

問題11

ロイヤル コペンハーゲンはどこの国のブランドです
か？

A イギリス　B ドイツ　C デンマーク

問題12

うつわ検定がおすすめしているうつわの選び方は次の
うちどれでしょうか？

A 流行に合わせて数年に一度うつわを見直してみる

B 流行に流されず、好みの産地や素材、思い出など
　で選ぶ

C 使いやすい25cmのうつわのみを中心に選ぶ

問題13

日本六古窯の一つである、岡山県の焼き物はどれでし
ょうか？

A 備前焼

B 益子焼

C 京焼

うつわ検定対策CHECK & COLUMN一覧

うつわに関する情報やデータをまとめたページの内容は、検定対策はもちろん、
知識アップのためにぜひ覚えましょう。

LESSON 1

それぞれのうつわ選び

| CHECK | 覚えたい用語集 | 032 |
| CHECK | 日本の食卓の移り変わり | 036 |

LESSON 2

メニュー別のうつわ

CHECK	覚えたい4つのキーワード	053
CHECK	うつわ使い「やってはいけないNG集」	054
COLUMN	アスリートごはん×うつわ	056

LESSON 3

うつわの種類を知る

CHECK	日本うまれのうつわ 覚えたい用語	064〜073
CHECK	焼き物の種類	074
CHECK	和食器のかたち	075
CHECK	全国各地の焼き物の名前	076
CHECK	日本の特徴的な焼き物・鉄器	078
CHECK	海外うまれのうつわ 覚えたい用語	080〜089
CHECK	和食器のサイズ	090
CHECK	洋食器のサイズ	091
CHECK	ヨーロッパの特徴的な食器	092
COLUMN	収納×うつわ	094

LESSON 4

うつわを選ぶ、楽しむ

| CHECK | お気に入りに出合える、うつわの探し方 | 100 |
| COLUMN | 和菓子×うつわ | 110 |

【うつわ検定】

| 出題例 | 121 |
| p.121の解答と解説 | 124 |

撮影にご協力いただいたかたがた（50音順）

株式会社CLASS　https://classprops.jp/
株式会社京王プラザホテル　https://www.keioplaza.co.jp/
株式会社タクミ製作所 かごや　http://takumi-mfg.co.jp/top/
株式会社東京組　https://tokyogumi.co.jp/
株式会社二ノ宮クリスタル　https://www.e-ninomiyacrystal.com/
株式会社ノリタケカンパニーリミテド　https://www.noritake.co.jp/
菅原工芸硝子株式会社　https://www.sugahara.com/
読谷山焼 北窯　https://kitagama.com/index.html

参考文献リスト（50音順）

『一流品図鑑4 エレガンス食器』岡部隆男編（婦人画報社）
『美しい洋食器の世界』第一出版センター編（講談社）
『器物語―知っておきたい食器の話』ノリタケ食文化研究会編（中日新聞社）
『Casa BRUTUS特別編集　器の教科書』（マガジンハウス）
『カイ・フランクへの旅』小西亜希子著（グラフィック社）
『金継ぎ一年生』山中俊彦監修（文化出版局）
『九谷モダン』芸術新聞社編（芸術新聞社）
『図解 日本のやきもの』伊藤嘉章監修（東京美術）
『すぐわかる産地別やきものの見わけ方 改訂版』佐々木秀憲監修（東京美術）
『ゼロから分かる！やきもの入門』河野恵美子監修（世界文化社）
『知識ゼロからのやきもの入門』松井信義監修（幻冬舎）
『伝統工芸のきほん① 焼きもの』伝統工芸のきほん編集室編（理論社）
『「陶芸」の教科書』矢部良明・入澤美時・小山耕一編（実業之日本社）
『日本食生活史』渡辺実著（吉川弘文館）
『もっと知りたいやきもの』柏木麻里著（東京美術）
『もっと知りたい柳宗悦と民藝運動』杉山享司監修（東京美術）
『やきものの教科書』陶工房編集部編（誠文堂新光社）
『やきものベストセレクション92』野寺文雄監修（日本文芸社）

参考WEBサイトリスト（50音順）

味の素　食とくらしの小さな博物館　https://www.ajinomoto.co.jp/kfb/museum/
一般社団法人日本硝子製品工業会　http://www.glassman.or.jp/
国立研究開発法人理化学研究所（RIKEN）「SPring-8」　http://www.spring8.or.jp/ja/
CME（三菱電機会員制サイト）
https://www.mitsubishielectric.co.jp/club-me/knowledge/washoku04/10.html
せと・まるっとミュージアム　瀬戸市観光情報公式サイト
http://www.seto-marutto.info/
南部鉄器協同組合　https://www.ginga.or.jp/nanbu/
公益社団法人 日本セラミックス協会　https://www.ceramic.or.jp/
波佐見町歴史文化交流館　https://www.town.hasami.lg.jp/rekibun/index.html
水沢鋳物工業協同組合　https://oshu-nambutekki.com/

p.121の解答と解説

問題1の解答

B ステムウェア

解説：ステムグラスの別名はステムウェア。グラスの下部にステム（脚）がついている飲み物用のうつわを指します。ガラス製が一般的ですが、陶磁器や金属製のものもあります。ステムがあることで、手の温度が飲み物に伝わらず、高さがあるためテーブルを華やかに見せる効果があります。（p.33、49参照）

問題2の解答

B 滋賀県

解説：琵琶湖の南に位置する信楽は、滋賀県にあります。長石の混じった粘土質の土は耐火性があり、焼き物づくりに適しています。また、京都や大阪に近い便利な立地であることから、焼き物の産地として発展しました。（p.76〜78参照）

問題3の解答

B 五彩

解説：大胆なデザインと華やかな色彩が特徴の古九谷は、緑・紫・紺青・黄・赤の原色五彩を中心とした優美な色彩が特徴。そのほかにも、赤絵細描や色絵金襴手など、九谷焼は窯ごとに独自の画風があります。同じ産地の中でこれほど多くの技法があるのは、全国でも珍しく九谷焼の特徴といえます。（p.78参照）

問題4の解答

リム

解説：お皿の縁（ふち）のことを英語でrim（リム）といいます。和食器では、口縁（こうえん）または口造り（くちづくり）と呼びます。（p.35、42、53など参照）

問題5の解答

C 陶土

解説：陶土と呼ばれる粘土をベースに使用し、焼き上がりは褐色・黄土色の土色を生かした仕上がりになります。釉薬は磁器にはその白さを生かすため透明なものを使用することが多いですが、陶器にはさまざまな色の釉薬が使われることが多く、温かくぬくもりのある仕上がりを楽しめます。（p.64、74など参照）

問題6の解答

B 約9cm

解説：和のうつわでは、大きさを「寸」という単位で表すことがあります。1寸は約3cmですので3寸は約9cmとなります。商品名に「6寸丸皿」など大きさを表記しているお店などもあります。覚えておくといいですね。ちなみに3寸皿は、豆皿の大きさです。調味料やお新香などを盛りつけるのにいい大きさです。（p.90参照）

問題7の解答

C 黒文字

解説：黒文字（くろもじ）は和菓子用の楊枝のことです。その名のとおり、クスノキ科の木材であるクロモジからつくられています。クロモジは、弾力性があり、強度が高く、折れにくく、和菓子を切り分けるのに適した素材です。(p.110参照)

問題8の解答

A 金や銀の絵付けのうつわ

解説：金や銀の絵の具で絵付けがされているうつわは、電子レンジの使用は避けましょう。電子レンジの電磁波は、金属に反射するため火花が出て危険。絵付けの部分が黒ずんでしまうこともあります。ただ、最近は電子レンジ対応のものもありますので、商品の表示を確認しましょう。(p.55参照)

問題9の解答

高台

解説：高台はうつわの底の台をなす部分。熱いものが入ったときに持ち上げやすくするための台として機能しています。(p.32、53など参照)

問題10の解答

A 約16.5〜18cm

解説：ケーキ1カット分をのせるのによいサイズといわれています。少し深さがあれば、取り皿などにもなり、使い勝手のよいサイズです。(p.48、91参照)

問題11の解答

C デンマーク

解説：ロイヤル コペンハーゲンは1775年に王立の磁器製作所として設立されました。(p.92参照)

問題12の解答

B

解説：うつわは、自分が好きなものや普段のライフスタイルに合ったものを選びましょう。はやっているものより自分の好みに合うものを。インテリアに合うもの、産地で、素材でと探し方はいろいろです。(p.100〜101参照)

問題13の解答

A 備前焼

解説：備前焼は岡山県備前市周辺でつくられている陶器です。釉薬を使わないのが特徴です。(p.76〜77参照)

うつわを学べるTWSA本部と認定校

本部・東京自由が丘校

TWSA代表理事の二本柳志津香がデザインしたアトリエスタジオ。スタッフや客員講師による実践型のアグレッシブな授業も。これまで多くのプロスタイリストを世に輩出してきました。上級CLASSやプロップスCLASSでは二本柳が講師を務めます。
代表：二本柳志津香
所在地：世田谷区深沢
https://www.tablewarestylist.net/

北海道支部 札幌・函館校

さまざまな角度から「センスを磨き、日常を心地よく整え、彩ること」をバランスよく学べる場所として、同世代の主婦を中心に支持を集めています。TWSAの講座では、一人一人の思いや目標に寄り添うことを大切にし、学びの中で、唯一無二の世界観を育んでいただけるようサポートしています。
代表：藤原七夕乃
FärbeNworks
（ファルベンワークス）
所在地：札幌市豊平区
info@farbenworks.com

横浜支部 横浜校／青森支部 青森校

テーブルスタイリングのほかにポーセラーツなどのハンドメイドもレッスンできますので、ご自身が好きなテイストの食器がつくれます。レッスンは少人数制で、生徒さまのペースに合わせて進められます。
代表：吉川純子
J's Bloom Studio
（ジェーズブルームスタジオ）
所在地：横浜市金沢区、
　　　　青森県青森市
jsbloomstudio@goo.jp
Instagram　@js_bloomstudio_88

名古屋支部 名古屋校

「毎日の暮らしに豊かな彩りを」をコンセプトにテーブルスタイリング・料理など、生活全般にわたって女性のニーズに寄り添ったサービスを提供しています。
代表：Mari
Dear Place（ディアプレイス）
所在地：名古屋市瑞穂区
https://www.dear-place.info/

関西支部 大阪豊中校

こだわりのスペースを借り、少人数制で開講しています。希望や好みなどをしっかりヒアリング、個性を生かしたスタイリングができるようになる手伝いをしています。
代表：三井知里
linen&plate（リネン＆プレート）
所在地：大阪府箕面市、豊中市
linen.a.plate@gmail.com
https://www.linenandplate.com/

大阪校

日々の生活の中で、ドキドキやワクワクを感じて過ごしていきたい。素敵なおもてなしを、品があっておしゃれなコーディネートや空間をつくることで実現させていきたいと思います。うつわに合わせたお料理の提案や整理収納の工夫も考えて、トータルでコーディネートしていきます。
代表：念治貴子
malie（マリーエ）
所在地：大阪市中央区
Instagram　@malie0408

東北支部 福島・仙台校

福島と仙台を中心に開講予定です。うつわ選びの楽しさを伝えます。
代表：佐藤未毬
所在地：2023年度開講予定のため未定
連絡先：TWSA本部公式WEB内お問い合わせより「福島・仙台校について」とご記入のうえ、問い合わせをお願いいたします。

オンライン講座
（日本ヴォーグ社通信講座「CRAFTING」）

ご都合のよい時間に繰り返し何度でも学べる、オンラインレッスン。パソコン、スマートフォン、タブレットでご視聴いただけます。「ジュニア・テーブルウェアスタイリスト®」の資格取得講座があります。わからないことは講師にLINEで質問できます。
https://crafting.jp/

うつわ検定® 検定概要

検定日程	うつわ検定®公式ウェブサイトをご覧ください
	https://www.utsuwakentei.com
検定場所	オンライン検定を基本とし、学校や団体、教室でもご受験いただけます
受験費用	一般：3,800円（税込）
	団体受験費用：公開会場の検定料に準じます
受験資格	特に問いません（年齢・経験・国籍など）
	＊日本語でのオンライン試験となります（2023年5月現在）
受験形式	オンラインによる選択式解答
出題範囲	うつわ検定公式テキスト
	『今の時代のうつわ選び』より出題
合格基準	正答率70％以上
申込方法	公式ウェブサイト　申込ページから

うつわ検定®ホームユースうつわマスター認定について

うつわ検定合格後、合格証書とうつわ検定®ホームユースうつわマスター認定カードが発行されます。認定バッジはうつわ検定®公式オンラインサイトより別途購入できます。

うつわ検定®実行委員会

問い合わせ　info@utsuwakentei.com
Instagram　@utsuwaken.jp
うつわ検定®実行委員会は
■一般社団法人テーブルウェアスタイリスト連合会
■運営会社　株式会社空間スタイリング社
です。

＊うつわ検定®は登録商標です。

著者：

一般社団法人
テーブルウェアスタイリスト連合会（TWSA）

略称TWSA。日本初の「食器の資格」をリリースした。広告、雑誌、テレビ、WEB、CMなどの撮影現場で活躍。うつわのスタイリングに多く携わる。運営会社は株式会社空間スタイリング社。代表理事 二本柳志津香。
https://www.tablewarestylist.net

STAFF

ブックデザイン／細山田光宣、松本 歩、千本 聡（細山田デザイン事務所）
イラスト／ヤマグチカヨ
撮影／寺内 暁、清水美由紀、善福克枝、中山ミチル、上原直大、善福真凪 ほか
フードスタイリング／竹之内博子、三井知里、Mari、藤原七夕乃、
土肥愛子、川越麻美（以上、株式会社空間スタイリング社）、松尾絢子
プロップススタイリング／二本柳志津香、錦織理恵、
MEI（以上、株式会社空間スタイリング社）
スタイリングアシスタント／佐々木麻由美、武曽恵理
文／二本柳志津香、門伝武広、粟村千晶、吉川純子、
赤松 茜、川越麻美（以上、うつわ検定®実行委員会）、善福真凪
DTP制作／鈴木庸子（主婦の友社）
企画・編集／新里陽子
編集担当／金澤友絵（主婦の友社）

うつわ検定®公式テキスト

今の時代のうつわ選び

2023年6月20日　第1刷発行

著者　一般社団法人テーブルウェアスタイリスト連合会
発行者　平野健一
発行所　株式会社主婦の友社
　　　　〒141-0021
　　　　東京都品川区上大崎3-1-1 目黒セントラルスクエア
　　　　電話03-5280-7537（内容・不良品等のお問い合わせ）
　　　　　　　049-259-1236（販売）
印刷所　大日本印刷株式会社

©Tablewarestylist association 2023
Printed in Japan
ISBN978-4-07-454445-5